José Francisco Aldrete Enríquez
David Maloof Flores
Norma Leticia Méndez Mariscal

# Impacto de los AI-Coding Assistants en el proceso del desarrollo de SW

José Francisco Aldrete Enríquez
David Maloof Flores
Norma Leticia Méndez Mariscal

# Impacto de los AI-Coding Assistants en el proceso del desarrollo de SW

## Evaluación comparativa de la Eficiencia del código generado por AI vs programadores humanos

Editorial Académica Española

**Imprint**
Any brand names and product names mentioned in this book are subject to trademark, brand or patent protection and are trademarks or registered trademarks of their respective holders. The use of brand names, product names, common names, trade names, product descriptions etc. even without a particular marking in this work is in no way to be construed to mean that such names may be regarded as unrestricted in respect of trademark and brand protection legislation and could thus be used by anyone.

Cover image: www.ingimage.com

Publisher:
Editorial Académica Española
is a trademark of
Dodo Books Indian Ocean Ltd. and OmniScriptum S.R.L publishing group

120 High Road, East Finchley, London, N2 9ED, United Kingdom
Str. Armeneasca 28/1, office 1, Chisinau MD-2012, Republic of Moldova, Europe
Printed at: see last page
**ISBN: 978-3-639-73182-8**

## Resumen

Se evalúa el impacto de los Asistentes de Codificación Basados en Inteligencia Artificial, particularmente Gemini, en el proceso de desarrollo de software en la eficiencia y la calidad del código producido, en comparación con programadores humanos. Se proponen problemas para resolver con programación de diversos niveles de complejidad, evaluando el rendimiento por medio de indicadores cuantitativos. Se midió la eficiencia del código en términos de uso de memoria, casos de prueba resueltos y tiempo de procesamiento por medio de los resultados medidos por la plataforma de evaluación OmegaUp. Según los resultados obtenidos, los programadores humanos muestran un rendimiento superior a Gemini en la mayoría de las métricas evaluadas, destacándose en particular en la resolución de problemas de mayor complejidad, siendo este un hallazgo importante, quedando demostrada que la capacidad de Gemini es muy limitada y por debajo del desempeño humano en problemas complejos. Sin embargo, el asistente de codificación demostró un desempeño equiparable en actividades de menor complejidad, lo que sugiere que estos pueden resultar útiles en situaciones donde los problemas planteados requieren estructuras de control simples y ayudando en tareas como la documentación interna de los programas y generando explicaciones de los códigos desarrollados.


**Palabras clave:** AI-Coding Assistants, desarrollo de software, programador, calidad de código, Gemini.

# Índice

3

# Índice de tablas

# Índice de figuras

# CAPÍTULO I.    Introducción.

El desarrollo de software comprende una serie de actividades y procesos los cuales algunos de ellos pueden ser repetitivos, otros requieren capacidades técnicas específicas, incluso se maneja un ciclo de vida de los sistemas, precisamente porque en los procesos de mejora se tienen que retomar algunas de estas etapas y rehacerlas, esto se puede estar repitiendo. A continuación, se aborda la etapa de codificación que suele ser un proceso complejo y demandante que requiere de tiempo, esfuerzo y habilidades técnicas especialmente de lógica y matemáticas, es donde se genera el producto del desarrollo del software: el o los programas de cómputo.

En los últimos años, la demanda de programadores ha aumentado considerablemente y la oferta de talento en este rubro no logra cubrir esta necesidad, se espera que se incremente en el futuro, como se describe en el documento *The Future of Jobs Report* (World Economic Forum, 2023). La complejidad de los proyectos de software ha aumentado significativamente, requiriendo herramientas y técnicas avanzadas para mantener estándares elevados de productividad y calidad.
En este contexto, los Asistentes de Codificación Basados en Inteligencia Artificial (*AI-Coding Assistants*) emergen como una posible solución para abordar estos desafíos. Estas herramientas, impulsadas por inteligencia artificial, ofrecen sugerencias de código, autocompletado inteligente y detección de errores en tiempo real y que prometen revolucionar el proceso de desarrollo de software.

## 1.1 Planteamiento del problema.

Evaluar el impacto de los Asistentes de Codificación Basados en Inteligencia Artificial (*AI-Coding Assistants*) en el proceso de desarrollo de software, en términos de eficiencia y calidad del código generado comparado con lo realizado por programadores humanos.

## 1.2 Descripción / alcance del estudio.

Los Asistentes de Codificación Basados en IA (Inteligencia Artificial) se describen como "Generadores de código de propósito general" impulsado por el aprendizaje automático que proporciona recomendaciones de código en tiempo real. A medida que se escribe código, herramientas como Amazon CodeWhisperer, ChatGPT, Gemini o GitHub Copilot generan automáticamente sugerencias basadas en su código y comentarios existentes. Se busca explorar el estado del arte de estas herramientas y cómo se desempeñan al desarrollar el correspondiente código al ser evaluado con las comunes métricas del software: tamaño, complejidad y calidad.

La plataforma OmegaUp será el sistema de juicio automático en línea (Online Automatic Judging System, por sus siglas en inglés OAJ), mejor conocido como juez en línea para evaluar los códigos generados por el *"AI-Coding Assistants"*, Gemini desde la plataforma de programación de Google Colab. Se usará los envíos que han realizado diversos programadores de años atrás tanto de estudiantes de programación de licenciatura como de competidores olímpicos cuya programación es avanzada y de alto rendimiento.

## 1.3 Matriz de congruencia metodológica

Por lo que para desarrollar el estudio de caso en la Tabla 1 se presente la matriz de congruencia metodológica con la pregunta general de investigación, el objetivo y la hipótesis.

**Tabla 1** Matriz de congruencia metodológica.

| Pregunta de investigación | Objetivo | Hipótesis |
|---|---|---|
| ¿Cómo influyen los *"AI-Coding Assistants"* en la eficiencia del desarrollo de software | Evaluar el impacto de los *"AI-Coding Assistants"* en la eficiencia del proceso de desarrollo de software por medio de las métricas: porcentaje de solución, consumo de RAM y tiempo de ejecución. | El uso de *"AI-Coding Assistants"* mejorará el proceso de desarrollo de software en cuanto a un mayor número de casos resueltos, menor uso de RAM y mayor velocidad de procesamiento, con respecto al desarrollado sin asistencia de IA |

Este caso de estudio pretende responder la pregunta general de la investigación, para ello se realizará una evaluación del impacto de los Asistentes de Codificación Basados en IA para responder las siguientes preguntas:

¿Realmente mejoran la productividad y la calidad del código?

¿Qué desafíos y limitaciones presentan?

## 1.4 Variables de investigación e indicadores

Serán los elementos que permitirá medir por medio de sus indicadores los resultados y realizar el análisis posterior se muestran en la Tabla 2 se muestran las variables de investigación propuestas.

**Tabla 2** Variables de investigación e indicadores.

| Variables de investigación | Indicadores Cuantitativos |
|---|---|
| Desarrollo de Software (Dependiente) | Programa generado |
| Uso de *AI-Coding Assistants* (Independiente) | Casos de prueba resueltos<br>Uso de memoria primaria<br>Tiempo de procesamiento |

Es importante que, tanto los profesionales del desarrollo, instituciones educativas, así como las empresas de desarrollo de software, analicen el impacto de estas nuevas herramientas en varios aspectos en el proceso de desarrollo. Algunos puntos que se deben evaluar son cómo influyen en la productividad, la calidad del código producido y la eficacia de este. Asimismo, resulta fundamental identificar y establecer las estrategias más efectivas para incorporar estas herramientas de manera óptima en los procesos de trabajo ya establecidos.

## 2.1 Marco teórico conceptual

Es fundamental definir los conceptos medulares para evitar otras interpretaciones que no concuerden o que queden fuera del ámbito de estudio de la presente investigación, para lo cual se describen estos conceptos medulares abordando solo aquellos que se requieren para el contexto general y que ya se deben tener previamente.

### 2.1.1 Programa de cómputo.

La definición de un programa de cómputo, que es la esencia del software, según el Congreso de la Unión (2020) en la Ley Federal del Derecho de Autor en su artículo 101 describe que:

> "Se entiende por programa de computación la expresión original en cualquier forma, lenguaje o código, de un conjunto de instrucciones que, con una secuencia, estructura y organización determinada, tiene como propósito que una computadora o dispositivo realice una tarea o función específica." (Congreso de la Unión, 2020)

En el ámbito de la programación de computadoras e ingeniería de software, un programa de cómputo no solo es un simple conjunto de instrucciones, esto se amplía con varios aspectos en el desarrollo y la implementación de software. Abarcando desde el análisis, diseño, la estructura y la funcionalidad, pruebas y depuración que van a permitir a los diversos dispositivos electrónicos, como computadoras, tabletas, teléfonos móviles e incluso dispositivos de uso común como focos, refrigeradores, vehículos, ejecutar procesos y tareas específicas de manera precisa y eficiente.

El diseño de un programa de cómputo, requiere una planificación para asegurar que cumpla con los requisitos establecidos y funcione de manera correcta. En general, estos programas se vuelven cada día necesarios en una sociedad más digital. En general permiten, automatizar tareas, mejorar la eficiencia, facilitar la comunicación, acceder a la información, realizar procesos repetitivos y a grandes velocidades, entre otras muchas mejoras. El desarrollo de software es un campo en constante evolución, con nuevas tecnologías y técnica de programación que surgen continuamente.

### 2.1.2 Software

Se puede considerar un vasto mundo de conceptos para la palabra "software" pero la sencillez con la que Chacón Sartori (2023) lo define, sirve de preámbulo para la presente investigación: *"Como un conjunto de programas que están construidos con algoritmos."*

Los algoritmos, en este contexto, son secuencias de pasos o reglas lógicas que guían la ejecución de tareas específicas. Estos algoritmos son la base sobre la cual se construyen los programas, proporcionando la estructura y la lógica necesarias para que el software funcione correctamente. El software se puede clasificar por su funcionalidad o fines en: sistemas operativos, herramientas de desarrollo, aplicaciones, middleware, entre algunas otras categorías.

También existen metodologías de desarrollo de software, una de ellas son las metodologías ágiles que promueven la entrega continua y la mejora iterativa del software, adaptándose a los cambios y necesidades emergentes del mercado y de los usuarios. El software, en su sentido más amplio, abarca una variedad de componentes y tipos que van más allá de los programas individuales.

La definición de Chacón Sartori (2023) es particularmente relevante para esta investigación, ya que se centra en la relación entre el software y los algoritmos. Los *"AI-Coding Assistants"*, como herramientas que generan código y sugieren soluciones algorítmicas, tienen el potencial de transformar la forma en que se crea y se utiliza el software.

### 2.1.3 Lenguaje de programación.

Los programas de cómputo son escritos en un lenguaje de programación, estas instrucciones son producto de lo que un programador escribe. Por lo que

> "Los programas escritos empleando lenguajes de alto nivel comúnmente, se denominan código fuente" (Martín Villalba et al., 2021).

Son el producto final de los que, en base a conocimientos técnicos, talento, creatividad, entre otros muchos aspectos se generan, y se traducen mediante un proceso de compilación o interpretación a las instrucciones que la computadora puede realizar.

La acción que describe lo que el programador realiza se denomina con el verbo "programar". El concepto de programación engloba a las acciones que realiza una persona o un grupo de ellas para "escribir" programas, sin embargo, con la evolución de las tecnologías, ya se ve inmersa la IA en estas actividades, precisamente motivo de la presente investigación. De acuerdo con Luis Joyanes Aguilar (2008), la programación se describe como aquellas actividades que permite traducir los algoritmos o pseudocódigos en códigos basados en la sintaxis y estructura de un lenguaje de programación.

Según *Stack Overflow* (2024), que lleva más de 15 años publicando anualmente los resultados de una encuesta global de desarrolladores de software, el sitio web GeeksforGeeks.org es ampliamente consultado, popular y altamente respetado por la comunidad de programadores a nivel mundial, por lo que se puede considerar una fuente confiable por la comunidad de desarrolladores y ellos hacen la siguiente definición:

> "Un lenguaje de programación es un lenguaje formal que especifica un conjunto de instrucciones para que una computadora realice tareas específicas. Se utiliza para escribir programas y aplicaciones de software, así como para controlar y manipular sistemas informáticos. Existen muchos lenguajes de programación diferentes, cada uno con su propia sintaxis, estructura y conjunto de comandos. Algunos de los lenguajes de programación más utilizados incluyen Java, Python, C++, JavaScript y C#" (GeeksforGeeks, 2023).

### 2.1.4 Aprendizaje automático (Machine Learning)

Este término, que es una rama de la Inteligencia Artificial se refiere a la capacidad de una máquina o sistema informático de simular y realizar tareas que normalmente requerirían inteligencia humana, como el razonamiento lógico, el aprendizaje y la resolución de problemas (Bartneck et al., 2021). Por lo que se resume como la capacidad que se alcanza, mediante el software escrito para este fin.

Una de las áreas de la IA que está tomando una gran relevancia y que está cambiando la vida digital del mundo es el aprendizaje automático (Machine

Learning, por sus siglas ML), la definición que plantea en su sitio Web una de las mayores empresas de tecnología mundial Google Cloud  (2023):

> "El aprendizaje automático es un subconjunto de la inteligencia artificial que permite que un sistema aprenda y mejore de forma autónoma con redes neuronales y aprendizaje profundo, sin necesidad de una programación explícita, a través del análisis de grandes cantidades de datos.
>
> El aprendizaje automático permite que los sistemas informáticos se ajusten y mejoren continuamente a medida que acumulan más "experiencias". Por lo tanto, el rendimiento de estos sistemas puede mejorar si se proporcionan conjuntos de datos más grandes y variados para su procesamiento."

El aprendizaje automático (*Machine Learning*) es la base fundamental de los Asistentes de Codificación Basados en IA (*AI-Coding Assistants*). Estos asistentes utilizan modelos de aprendizaje automático, entrenados en grandes cantidades de código fuente, para comprender patrones, estructuras y mejores prácticas en la programación.


## 2.2 Trabajo relacionado

### 2.2.1 Asistentes de Codificación Basados en Inteligencia Artificial (*AI-Coding Assistants*)

Para iniciar la presente investigación se describirá lo que son los Asistentes de Codificación Basados en IA (*AI-Coding Assistants*), algunos autores también los llaman como herramientas de generación de código asistidas por IA, para Corso et al.  (2024) las describen como las herramientas que aprovechan los algoritmos de aprendizaje automático (*Machine Learning*) y el procesamiento del lenguaje natural (*Natural Language Processing*) para ayudar a los desarrolladores en las tareas de programación al sugerir código para la solución de algún problema o proceso a mejorar.

En la actualidad la enseñanza de la programación de computadoras, en una asignatura de fundamentos, se basa en explicar, además de la sintaxis del lenguaje, en la solución de problemas propuestos, por lo general, que van de lo más elemental como resolución de simples planteamientos matemáticos, hasta llegar a resolver problemas cada vez más complejos, y por ende explorando instrucciones y sentencias de control en los códigos con los cuáles ir ofreciendo propuestas de solución.

Con la integración de la IA en diversos aspectos académicos y profesionales, la programación no es ajena a estas tecnologías, por lo que es muy posible que permee en las aulas la integración de los *"AI-Coding Assistants"* como parte de la enseñanza y como realizar la interacción para lograr resultados óptimos y con ello mejorar los tiempos de desarrollo de los algoritmos propuestos para la solución de problemas. Esto está generando una nueva cultura en los programadores y en general en el desarrollo del software.

### 2.2.2 Impacto de las *AI-Coding Assistants*

La investigación realizada por Joonas Nygård (2024) sobre las herramientas de generación de código asistidas por IA proporcionan una base sólida para contextualizar y relacionar con el objetivo de la presente investigación. En su investigación titulada *AI-assisted code generation tolos*, Nygård (2024) explora cómo estas herramientas han revolucionado las prácticas convencionales en la ingeniería de software, destacando su impacto en la productividad, el aprendizaje y el correcto desempeño de los programadores.

Tal como afirman Pinto et al. (2023) las herramientas como GitHub Copilot y Amazon CodeWhisperer, han transformado la productividad en el desarrollo de software al proporcionar sugerencias de código, detectar errores y automatizar tareas repetitivas, sugiere que estas herramientas pueden reducir significativamente la complejidad del código y el tiempo de desarrollo.

Los resultados de Pinto et al. (2023), indican que el enriquecimiento contextual de las solicitudes de los usuarios mejora la calidad de las respuestas, llamados en la IA generativa *"prompts"*, lo que es crucial para la eficiencia del código generado, por lo que este hallazgo es importante para analizar el código resultante, ya que sugiere que la contextualización puede ser una estrategia efectiva para mejorar la precisión y eficacia del código generado por los *"AI-Coding Assistants"*, pero por otro lado, en la opinión de Joëlla Schouwenaar  (2024), la IA a menudo se percibe como una amenaza que podría reemplazar a los empleados humanos.

En general, es posible que algunas personas reflejen una real preocupación común en la adopción de tecnologías, específicamente sobre la IA. Sin embargo, la presente investigación se enfoca en cómo los *"AI-Coding Assistants"*, pueden complementar y mejorar el trabajo de los desarrolladores, en lugar de reemplazarlos, al contrario, como ayudar a solventar las áreas de oportunidad y las debilidades, además, de cómo ayudar ahorrar los tiempos en tareas que se suele invertir tiempo y que con la IA se pueden ahorrar, también disminuyendo los tiempos en la curva de aprendizaje y en la búsqueda de las instrucciones que no son conocidas por el programador. Por lo que las preocupaciones subjetivas deben quedar abatidas por las métricas objetivas.

## 2.2.3 Revisión de herramientas de generación de códigos asistidos por IA

En los resultados de la investigación de Yetiştiren et al. (2023), muestran hallazgos empíricos sobre la calidad del código generado por herramientas de asistencia de codificación basadas en IA. En su estudio evaluaron la calidad del código generado por GitHub Copilot, Amazon CodeWhisperer y ChatGPT, utilizando métricas como la validez, corrección, seguridad, fiabilidad y mantenibilidad del código.

Uno de los puntos clave de la investigación de Yetiştiren et al. (2023), es la comparación de la tasa de éxito en la generación de código correcto entre las diferentes herramientas, la cual arrojó que:

- ChatGPT mostró la tasa más alta de generación de código correcto (65.2%),
- seguido por GitHub Copilot (46.3%) y
- Amazon CodeWhisperer (31.1%).

En las conclusiones de Odeh et al., (2024) se describe que las técnicas de IA tienen un gran potencial para automatizar tareas repetitivas y que consumen mucho tiempo en la generación de código, permitiendo a los desarrolladores centrarse en el diseño de alto nivel, la resolución crítica de problemas, optimizar recursos de hardware, incluso, dedicarse a aplicar creatividad a sus propuestas de solución.

### 2.2.4 Jueces en línea para evaluación de códigos

Los sistemas de juicio automático en línea (*Online Automatic Judging System*, por sus siglas en inglés OAJ), mejor conocidos como jueces en línea, son plataformas que evalúan los códigos generados, basados en un problema propuesto, el programador envía el código con la solución en algún lenguaje soportado, el "juez" recibe el código lo interpreta o lo compila, según sea el caso, y con casos de prueba le asigna un puntaje, dependiendo la cantidad de casos resueltos correctamente.

Según Wasik et al. (2016)  los sistemas de jueces en línea, como los utilizados en competiciones de programación, evalúan la propuesta de solución basándose en su ejecución en conjuntos de pruebas predefinidos y verifican que no excedan los límites de recursos, como el tiempo y la memoria. Señalan que los sistemas de jueces en línea han evolucionado para apoyar no solo competiciones de programación, sino también la educación y el reclutamiento de empleados.

En la actualidad instituciones educativas mexicanas como la Facultad de Contaduría y Administración de la Universidad Autónoma de Chihuahua (FCA-UACH), utilizan estos recursos para evaluar los códigos de sus estudiantes en las asignaturas de fundamentos de programación y laboratorio de programación de la carrera de licenciatura en administración de tecnologías de información y comunicaciones.

También en la Olimpiada Mexicana de Informática, que es un concurso de programación se usan para evaluar a sus competidores de alto rendimiento e ir determinando a los mejores programadores jóvenes del País para el encuentro internacional, que también usan estas plataformas (OMI - Olimpiada Mexicana de Informática, 2019).

Liang et al.  (2017) demuestran que los OAJ tiene ventajas significativas en términos de fiabilidad, eficiencia, seguridad y extensibilidad, lo que sugiere que los sistemas automatizados pueden superar por mucho las limitaciones de los juicios manuales al evaluar el correcto funcionamiento del código propuesto. Este contexto es crucial para la hipótesis planteada en la presente investigación, de que los Asistentes de Codificación Basados en IA pueden mejorar significativamente la calidad del código en comparación con los programadores humanos y el usar el OAJ permitirá una evaluación imparcial y objetiva.

## 2.2.5 Plataforma de evaluación de códigos OmegaUp

La plataforma oficial de la Olimpiada Mexicana de Informática es OmegaUp (2019), tiene ya muchos años de uso. Es una plataforma que tiene más de 50000 usuarios y más de 1400 cursos de programación y es usado en muchos países del mundo. Una plataforma que se origina por un grupo de programadores mexicanos fue creada con el objetivo de proporcionar una herramienta accesible para la práctica y enseñanza de la programación, especialmente en la comunidad hispanohablante. Desde su creación, OmegaUp ha crecido y se ha convertido en un recurso valioso para estudiantes, profesores y programadores interesados en mejorar sus habilidades y participar en competencias de programación.

La Facultad de Contaduría y Administración de la Universidad Autónoma de Chihuahua (FCA-UACH), hace uso de esta plataforma en particular en cursos varios, que listan en la siguiente tabla.

**Tabla 3 Cursos de programación en OmegaUp**

| Nombre del curso | Fecha de entrega | Número de tareas |
|---|---|---|
| Problemario elemental de inicio | Duración ilimitada | 3 |
| Entrenamiento básico para CONALEP Chihuahua | Duración ilimitada | 5 |
| FCA Laboratorio de programación 2024 | 6/2/2037 | 1 |
| FCA Laboratorio de programación 2024 | Duración ilimitada | 13 |
| Introducción a C++ | Duración ilimitada | 7 |
| Introducción a Python – JFAE | Duración ilimitada | 7 |
| Curso de POO -UnADM | Duración ilimitada | 1 |
| Fundamentos de programación | Duración ilimitada | 8 |
| Laboratorio de Python 1 | Duración ilimitada | 14 |
| Laboratorio de programación 2024 Final | Duración ilimitada | 14 |

Nota: Obtenido de (OmegaUp, 2024)

Se puede apreciar las asignaturas "Laboratorio de programación" en cuatro ocasiones y una de "Fundamentos de programación" del plan de estudios de la carrera de Licenciatura en Administración de Tecnologías de la información y Comunicaciones de la FCA-UACH. OmegaUp publica un ranking mensual de las escuelas más activas del mes en su plataforma, así como por su desempeño, de este ultimo se obtuvo la información de la siguiente tabla, en la cual se observa la posición de la Facultad de Contaduría y Administración UACH.

Tabla 4 Ranking de escuelas en OmegaUp

| Posición | Institución | Puntaje |
|---|---|---|
| 418 | Instituto Tecnológico de Cancún | 2078 |
| 419 | UCSP | 2071 |
| 420 | Instituto Tecnológico Nacional de México | 2070 |
| 421 | Facultad de Ciencias de la Computación – BUAP | 2060 |
| 422 | Alianz | 2040 |
| **423** | **Facultad de Contaduría y Administración – UACH** | **2030** |
| 424 | CONCIENTI | 2017 |
| 425 | JJS | 2008 |
| 426 | Licenciatura en Informática UAS | 2001 |
| 426 | Instituto Chapultepec Norte | 2001 |
| 428 | Instituto Politécnico Nacional | 1996 |
| 429 | EETP N 644 Gregoria Matorras | 1989 |
| 430 | Cobaev-20 | 1985 |
| 431 | Colegio monferrant | 1975 |

Nota: Obtenido de (OmegaUp, 2024)

Encontrándose en la posición 423 en cuanto a desempeño de los usuarios registrados con la Facultad en comparación con todas las instituciones registradas.

## 2.2.6 OmegaUp: problemario y sus indicadores

En la plataforma OmegaUp se puede incluso crear problemas y ponerlos a disposición de la comunidad. En la figura 3 "Ejemplo de un problema propuesto en OmegaUp" se puede apreciar un ejemplo de un problema diseñados para estudiantes de programación de Chihuahua:

Tabla 5 Ejemplo de un problema propuesto en OmegaUp

| Título del problema | | 775.1 El excursionista Mayor | |
|---|---|---|---|
| **Puntos** | 8.22 | **Límite de memoria** | 32 Mb. |
| **Límite de tiempo (caso)** | 1s | **Límite de tiempo (total)** | 1m0s |
| **Tamaño del límite de entrada (bytes)** | 10KiB | | |
| **Descripción** | | | |
| Los Falmos van de excursión, pero de todo el grupo de "humanitos" el que tiene la mayor edad es al que se le entregará el dinero para la compra del material del campamento. Ayúdale a Mamá Falmo a saber quien es el que tiene la mayor edad. | | | |
| **Entrada** | Preguntar cuantos van a ir de excursión y la edad de cada uno | | |
| **Salida** | Mostrar solo la edad del más grande | | |
| **Ejemplo** | | | |
| **Entrada** | **Salida** | **Descripción** | |
| 5<br>15 16 5 13 12 | 16 | Pedir la cantidad de excursionistas y la dedad de cada uno. Desplegar la edad del mayor | |
| Límites | | | |
| • No especificado | | | |

Nota: Obtenido de (OmegaUp, 2024)

Estos problemas pueden ser incluso calificados por la comunidad, y otorgársele un puntaje en calidad del planteamiento. Y pueden ser clasificados por niveles de dificultad como se puede apreciar en la Figura "Calificación de la comunidad de un problema planteado en OmegaUp":

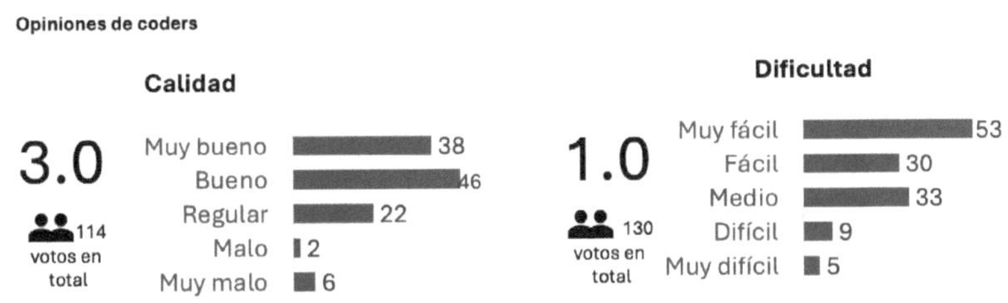


**Figura 1 Calificación de la comunidad de un problema planteado en OmegaUp**

Nota: Obtenido de (OmegaUp, 2024)

Lo más importante para la presente investigación es que en esta plataforma se puede determinar, además de los datos generales del envío de la solución y la evaluación del código, también el consumo de memoria y el tiempo en el que el código realiza sus procesos, en la siguiente tabla se muestran algunos resultados obtenidos del tablero de envíos de soluciones en OmegaUp.

**Tabla 6 Envíos de soluciones en OmegaUp**

| Len-guaje | Coder | Problema | % | Ejecución | Salida | Memoria (Mb) | Tiempo (Seg) |
|---|---|---|---|---|---|---|---|
| Py3 | A350052 | 2018_1_condici ones3 | -- | Error de compilación | Interrumpida | | |
| Py3 | 339067 | Estacion | 100 | Terminada | Correcta | 10.83 | 0.43 |
| Py3 | 339067 | Ciclo_mientras_ no_cero | 100 | Terminada | Correcta | 10.81 | 0.34 |
| Py3 | 339067 | Orden-creciente | 100 | Terminada | Correcta | 10.79 | 0.38 |
| Py3 | A350052 | 2018_1_condici ones3 | 0 | Terminada | Incorrecta | 10.80 | 0.31 |

Nota: Obtenido de (OmegaUp, 2024)

Estos indicadores permitirán realizar la comparación cuantitativa entre los códigos realizados "manualmente" por programadores y los realizados por medio de los Asistentes de Codificación Basados en IA. La columna porcentaje indica la proporción de casos resueltos que van desde 0 al 100 por ciento, dependiendo de la proporción.

En el indicador memoria se refiere a la cantidad de memoria RAM que el programa ha utilizado mientras se ejecuta, en el caso de la Figura 5 son en megabytes (MB). El uso de memoria es la asignada a datos almacenados en estructuras de datos (arreglos, listas, árboles, etc.), el uso de variables primitivas, la creación de objetos entre algunas otras aplicaciones, dependiendo del lenguaje.

En el indicador tiempo se refiere a la duración que el programa ha tardado en ejecutarse y resolver el problema. Se mide generalmente en milisegundos (ms) o segundos (s), en el caso de la Figura 5 se muestra en segundos, representados por fracciones en este caso específico. El tiempo de ejecución puede ser influenciado por la eficiencia de los algoritmos utilizados, la cantidad de datos procesados y la velocidad de las operaciones realizadas. Por todo ello, para la presente investigación, esta plataforma será quien evalúe los códigos realizados asistidos por la IA y los realizados por los programadores

## CAPÍTULO III.    Metodología.

En esta sección se describe la metodología empleada en la solución del estudio de caso para evaluar el impacto de los *"AI-Coding Assistants"* en el desarrollo de software en comparación con programadores humanos sin asistencia alguna de la IA.

Se detallan los participantes, herramientas, procedimientos y métricas utilizadas para llevar a cabo la investigación. Cuyas secciones son:
- Acciones propuestas para ayudar a resolver el problema planteado
- Descripción de la selección de la muestra
- Descripción de los instrumentos para la recolección de datos
- Descripción de los procedimientos
    - Recolección de datos
    - Análisis de datos

- Aplicación de técnicas y métodos
  - Técnicas utilizadas
  - Métodos de evaluación
- Métricas de evaluación
- Estrategias y toma de decisiones
  - Estrategias implementadas
  - Decisiones críticas
- Participantes del estudio
- Recursos e Insumos Utilizados
  - Recursos materiales
  - Recursos humanos
  - Fuentes de información

En general se describe la aplicación de técnicas, procesos, acciones, métodos, etc., así como algunas de las estrategias y toma de decisiones realizadas para desarrollar el estudio de caso motivo de la presente investigación.

## 3.1 Acciones propuestas para ayudar a resolver el planteamiento del problema

El enfoque principal de este estudio de caso es hacer un análisis para evaluar la influencia de los Asistentes de Codificación Basados en IA (*AI-Coding Assistants*) con sus propuestas de solución a problemas mediante la programación de computadoras, centrándose en la eficiencia y la calidad del código generado por esta tecnología, en comparación con la codificación realizada por programadores humanos. Por lo que para lograr este problema planteado se definen las siguientes acciones:

- **Evaluación objetiva y cuantitativa de los códigos**: Se selecciona OmegaUp como el sistema de jueceo automático en línea con la capacidad de evaluar códigos en Python y C++.

- **Determinación y selección de problemas de programación**: Se identificaron y se seleccionaron los problemas de programación a resolver con diversos grados de dificultad

- **Métricas:** se establecen las métricas cuantitativas para evaluar los códigos.

- **Configuración del *"AI-Coding Assistants"*:** Se configuró el entorno de trabajo en Google Colab para utilizar Gemini, preparándolo con *"prompts"* para que el asistente de codificación estuviera preparado para generar soluciones.

- **Selección de programadores humanos:** Se toma del historial de OmegaUp códigos que resuelven problemas planteados que fueron enviados previamente en cursos para enseñar a programar y programas producidos por programadores de alto rendimiento.
- **Ejecución de pruebas previas a las evaluaciones finales:** Se realizaron pruebas de los códigos generados, enviándolos a OmegaUp y recopilando los resultados de las evaluaciones, antes de proceder a realizar la codificación a evaluar.
- **Análisis de Resultados:** Se verifica que los resultados obtenidos de OmegaUp, queden registrados para posteriormente se puedan obtener las métricas de eficiencia entre los códigos generados por Gemini y los de los programadores humanos.

## 3.2 Descripción de la selección de la muestra.

### 3.2.1 De la muestra de los problemas para resolver con códigos en lenguaje Python y lenguaje C++

La muestra se compone de diez problemas propuestos para su resolución en la plataforma OmegaUp, algunos de estos planteamientos a resolver son parte de las clases universitarias y otros en competiciones olímpicas.

### 3.2.2 De la muestra de los códigos propuestos por programadores humanos

Se eligen diez de los mejores códigos desarrollados por programadores humanos que resuelven con éxito los planteamientos, provenientes de dos grupos distintos de diferentes niveles de experiencia, estudiantes de programación de licenciatura y competidores olímpicos en programación, sin ser asistidos por la IA en ninguna modalidad.

### 3.2.3 Sobre el Asistente de Codificación Basado en Inteligencia Artificial

Se presentan los mismos problemas seleccionados para los programadores humanas a Gemini (*AI-Coding Assistant*), a quien a través de "*prompts*" se le solicita que realice las tareas de codificación para resolverlos, utilizando la plataforma Google Colab para el desarrollo y prueba de los programas, posteriormente se envía a OmegaUp los diez códigos generados por Gemini, quien es el Asistente de Codificación Basado en Inteligencia Artificial motivo del presente estudio.

## 3.3 Descripción de las fuentes e instrumentos para la recolección de datos.

Los datos generados para la presente investigación son los siguientes:

- Métricas para evaluación de código
- Código generado por Gemini
- Código generado por programadores humanos

Los cuales se describe como se generan y como se recopilan.

### 3.3.1 Fuentes y herramientas para la generación de los datos.

Se utilizan las siguientes herramientas para la generación de los datos:
- OmegaUp: Como el sistema de juicio automático en línea (*Online Automatic Judging System, OAJ*), juez en línea para evaluar el desempeño de los códigos enviados y generar las métricas.
- Gemini: Un Asistente de Codificación Basado en IA (*AI-Coding Assistant*) desde la plataforma de programación de Google Colab, este asistente genera los códigos de los programas en los lenguajes de programación Python y C++.
- Historial de OmegaUp para la obtención de los códigos generados por programadores humanos

## 3.3.2. Instrumentos para la recopilación de los datos.

El instrumento que se usó para la recopilación de los datos se describe en la siguiente tabla:

**Tabla 7** Instrumento de recolección de datos de OmegaUp

| Métricas | Casos de Prueba Resueltos (Porcentaje de solución) | | Uso de Memoria (Cantidad de RAM en MB) | | Tiempo de Procesamiento (en segundos) | |
|---|---|---|---|---|---|---|
| | *Progra-mador Humano* | *AI-Coding Assistant Gemini* | *Progra-mador Humano* | *AI-Coding Assistant Gemini* | *Progra-mador Humano* | *AI-Coding Assistant Gemini* |
| Problema 1 | | | | | | |
| Problema 2 | | | | | | |
| Problema 3 | | | | | | |
| Problema 4 | | | | | | |
| Problema 5 | | | | | | |
| Problema 6 | | | | | | |
| Problema 7 | | | | | | |
| Problema 8 | | | | | | |
| Problema 9 | | | | | | |
| Problema 10 | | | | | | |

Estos datos se obtienen en su totalidad de la plataforma OmegaUp.

### 3.3.3 Determinación de los grados de complejidad de los problemas

Como parte del estudio de caso se define el grado de complejidad según las instrucciones o conjunto de ellas y su combinación para plantear soluciones por medio del lenguaje. En la tabla 4 se hace la descripción de los cinco niveles de complejidad en los cuales se categorizaron los 10 problemas y se incluye los temas y subtemas con los cuales se debe contar de conocimientos para desarrollar códigos.

**Tabla 8** Descripción de los niveles de complejidad

| Nivel | Descripción General | Temas y Subtemas |
|---|---|---|
| Muy Fácil | Problemas que requieren la comprensión básica de la sintaxis y conceptos fundamentales de programación. Son adecuados para principiantes absolutos que están comenzando a programar. | **- Entrada/Salida básica:** Leer datos del usuario, imprimir resultados en la consola.<br><br>**- Operaciones aritméticas:** Realizar cálculos simples con números. |

| | | |
|---|---|---|
| | | - **Variables y tipos de datos:** Declarar y usar variables de diferentes tipos (enteros, flotantes, cadenas). |
| | | - **Condicionales muy simples:** Uso de if básico para tomar decisiones directas. |
| | | - **Bases del lenguaje C++:** Variables, Tipos de datos. |
| Fácil | Problemas que requieren la capacidad de utilizar estructuras de control selectivas y repetitivas. Son adecuados para principiantes que han adquirido cierta experiencia. | - **Estructuras de control selectivas:** Condicionales más elaboradas (if-else, switch). |
| | | - **Estructuras de control repetitivas:** Bucles (for, while, do-while). |
| | | - **Bases del lenguaje C++:** Sentencia IF, Ciclos While & For. |
| Regular | Problemas que requieren un buen entendimiento de estructuras de datos y algoritmos básicos, incluyendo la necesidad de optimización básica. Adecuados para programadores con experiencia intermedia. | - **Estructuras de datos simples:** Arrays/Lista, Diccionarios/Mapas. |
| | | - **Funciones y procedimientos:** Definición, uso y alcance de funciones en C++. |
| | | - **Recursión básica:** Introducción a la recursión con problemas sencillos. |
| | | - **Manipulación de listas y matrices:** Iteración y modificación de listas y matrices. |
| | | - **Estructuras de datos en C++:** Arreglos, Matrices, Pilas, Colas, Listas. |
| Complejo | Problemas que requieren una comprensión avanzada de algoritmos, estructuras de datos complejas y optimización. Estos problemas suelen involucrar varias disciplinas de la informática y requieren una buena capacidad de resolución de problemas. | - **Estructuras de datos complejas:** Árboles, Grafos. |
| | | - **Algoritmos en C++:** Búsqueda binaria, Barridos, Greedy. |
| | | - **Recursividad avanzada:** Problemas complejos usando recursividad. |
| | | - **Teoría de grafos y recorridos:** Recorridos y búsquedas en grafos (Profundidad, Anchura, Primera prioridad). |
| Muy Complejo | Problemas de alta dificultad que requieren un entendimiento profundo de múltiples disciplinas de la informática. Estos problemas suelen ser desafíos en competencias de programación o investigación académica. | - **Teoría de la computabilidad:** Autómatas, Gramáticas, Complejidad de problemas (P, NP, NP-completo). |
| | | - **Algoritmos de optimización extrema:** Programación dinámica compleja, Algoritmos de aproximación. |
| | | - **Estructuras de datos avanzadas:** Segment Trees, Fenwick Trees, Grafos dirigidos acíclicos. |
| | | - **Algoritmos en C++:** Cubetaje, Algoritmos avanzados de búsqueda en grafos. |
| | | - **Criptografía e Inteligencia Artificial:** RSA, AES, Redes neuronales profundas. |

Cabe hacer mención que esta categorización es la propuesta para la presente investigación, además, que las soluciones planteadas no necesariamente tienen que incluir los temas y subtemas indicados, sin embargo, son los posibles algoritmos y estructura de datos con los cuales se pueden plantear soluciones.

## 3.4. Descripción de los procedimientos.

### 3.4.1 Recolección de datos

Los datos se recolectaron mediante el análisis de los envíos de código en la plataforma OmegaUp, el cual registró las métricas de desempeño de los códigos generados tanto por humanos como por los *"AI-Coding Assistants"*. Proceso del cual se resumen en los siguientes seis pasos:

**Paso 1.**

Del historial de cursos de programación y competiciones de la olimpiada mexicana de informática que tiene la plataforma OmegaUp se seleccionaron problemas de programación resueltos en los lenguajes Python y C++, de los cuales se extrajeron los datos de todos y cada uno de los envíos de los estudiantes de programación de licenciatura y de competidores olímpicos (programadores humanos):

- el código fuente,
- los resultados de la evaluación (si el problema fue resuelto o no),
- el tiempo de ejecución y
- el uso de memoria.

Estas métricas ya están registradas en el historial.

**Paso 2.**

Posteriormente, se utilizaron los mismos problemas de programación seleccionados en el paso 1 para que el Asistente de Codificación Basado en IA, Gemini, generara soluciones en Python y C++. Se ingresaron los enunciados de los problemas en Gemini y se obtuvieron los códigos fuente generados por la IA.

**Paso 3.**

Los códigos generados por Gemini se enviaron a OmegaUp para su evaluación, utilizando los mismos criterios que los códigos de los programadores.

**Paso 4.**

OmegaUp ejecutó los códigos contra un conjunto de casos de prueba, proporcionando resultados sobre su desempeño, queda registrada la información de cada uno de los códigos enviados: los resultados de la evaluación, el tiempo de ejecución y el uso de memoria de los códigos generados por la IA.

**Paso 5.**

Se extrajeron los resultados de todos y cada uno de los envíos de Gemini (*AI-Coding Assistant*):
- el código fuente,
- los resultados de la evaluación (si el problema fue resuelto o no),
- el tiempo de ejecución y
- el uso de memoria.

**Paso 6.**

Se captura la tabla comparativa (Tabla 3) donde se enlista las métricas que se recopilaron de los códigos de los programadores humanos y de Gemini, en donde se muestran la lista de problemas y los resultados obtenidos para cada uno de ellos en las dos categorías:
- los casos de prueba resueltos,
- el uso de memoria primaria y
- el tiempo de procesamiento

### 3.4.2 Análisis de datos

Se utilizó un enfoque cuantitativo para analizar las diferencias en las métricas de desempeño entre los códigos generados por humanos y por los *"AI-Coding Assistants"*. Las métricas que se consideraron para el análisis comparativo se describen a continuación. Para el análisis de datos se utilizó la tabla 3.

## 3.5 Métricas de evaluación

Las métricas de evaluación son los indicadores de la variable independiente de investigación, que es el uso del *"AI-Coding Assistant"*. Se emplearon técnicas estadísticas para evaluar la significancia de las diferencias observadas entre los programas desarrollados por los humanos y los generados por Gemini, el Asistente de Codificación Basado en IA. Sobre los criterios para la evaluación de la calidad del código. En la investigación de Girdhar et al. (2023) sobre los sistemas de jueces en línea para la evaluación de código, destacan que estos no solo compilan y ejecutan el código, sino que también verifican con precisión y calidad mediante la comparación de la salida generada con una salida predefinida.

## 3.5.1 Casos de prueba resueltos.

Número de casos de prueba exitosamente resueltos por el código medido en porcentaje, es decir, si un problema tiene 5 casos, cada caso resuelto equivale al 20%. En la tabla 9 se muestran algunos resultados obtenidos para el problema GPC1B.

**Tabla 9 Resultado del porcentaje de solución alcanzado por el código enviado.**

| Coder | Fecha y hora | % | Ejecución | Salida | Memoria (Mb) | Tiempo (seg) |
|---|---|---|---|---|---|---|
| FAldrete | 2024-05-06 20:14 | 100 | Terminada | Correcta | 10.78 | 0.08 |
| FAldrete | 2024-05-06 20:09 | 0 | Terminada | Incorrecta | 10.74 | 0.08 |
| FAldrete | 2024-05-06 19:59 | 100 | Terminada | Correcta | 10.65 | 0.08 |
| 360042 | 2024-02-27 07:48 | 100 | Terminada | Correcta | 10.68 | 0.11 |

Nota: Obtenido de (OmegaUp, 2024)

## 3.5.2 Uso de memoria.

Cantidad de memoria RAM en Megabytes utilizada por el código durante su ejecución, información que arroja también la plataforma OmegaUp y que se puede observar en las tablas 6 y 9.

### 3.5.3 Tiempo de procesamiento.

Tiempo que se consume al realizar los procesos de las instrucciones del código, medido en segundos. Resultados derivados de la ejecución real de la solución planteada en la plataforma OmegaUp, y cuyos valores arroja la misma, como se puede observar en las tablas 6 y 9.

### 3.5.4. Líneas de código.

Medido por la cantidad de líneas de texto que incluye la solución, considerándose el total que contiene el código. OmegaUp no incluye directamente en sus tableros de estadísticas esta información, por lo que para obtenerla es necesarioingresar a inspeccionar el código.

De aquí se toma la cantidad de líneas de código que se envió al juez, así mismo, los detalles sobre las soluciones para cada caso incluido en el problema.

### 3.6 Aplicación de técnicas y métodos.

### 3.6.1 Técnicas utilizadas.

Evaluación automática de la eficiencia del código: Se midió la eficiencia del código en términos de uso de memoria, casos de prueba resueltos y tiempo de procesamiento por medio de los resultados medidos por la plataforma OmegaUp para todos y cada uno de los problemas enviados por los participantes del presente estudio de caso. Todos los datos recopilados se capturaron en el instrumento descrito en la Tabla 3.

### 3.6.2 Métodos de evaluación.

Con los datos que se tienen en el formato descrito en la Tabla 3, se compararon los códigos generados por programadores humanos y el *"AI-Coding Assistant"* utilizando los datos proporcionados por la plataforma OmegaUp, la cual evaluó el desempeño de los programas.
Los resultados de desempeño de los diez programas desarrollados por los humanos se contrastaron con los diez generados por el Asistente de

Codificación Basado en IA, con el objetivo de identificar diferencias significativas en cada una de las métricas señaladas y poder evaluarlos y hacer el análisis comparativo. Utilizado la siguiente tabla:

Tabla 10 Tabla de evaluación de calidad de código

| Métrica | Resultado Programador Humano Promedio | Resultado *AI-Coding Assistant* Gemini Promedio | Mejor Desempeño |
|---|---|---|---|
| Casos de Prueba Resueltos (%) | | | |
| Uso de Memoria (MB) | | | |
| Tiempo de Procesamiento (ms) | | | |

Para cada métrica se obtiene el promedio y basado en la diferencia entre los grupos de estudios se determina quien tuvo el mejor desempeño.

## 3.7 Estrategias y toma de decisiones

### 3.7.1 Estrategias implementadas

- Se preparo previamente y a base de prueba y error a Gemini para el proceso de codificación, antes de ingresarlo al proceso de evaluación, además, al no resolver problemas, se replanteo de nuevo al asistente en algunas ocasiones volviendo a enviar los códigos regenerados para aumentar lo máximo los casos resueltos.
- Se toman problemas de diversos grados de dificultad de sencillos a complejos, para evaluar las capacidades en cada situación.
- En los programadores humanos usan códigos de estudiantes de programación, así como de programadores de alto rendimiento.

### 3.7.2 Decisiones críticas

- Para la selección de la herramienta específica de *"AI-Coding Assistants"* se tomó la decisión de usar Gemini desde la plataforma Colab, ya que, según el estado del arte, no se han realizado estudios sobre este asistente en particular.

- Solo se toman diez problemas para el estudio de caso, pudiéndose ampliar a más para tener un muestreo más amplio y un margen de error menor
- La cantidad de envíos de los códigos generados por Gemini se harán hasta obtener el 100% de los casos resueltos, pero con una cantidad limitada establecida por el tiempo invertido y el número de intentos realizados, dependiendo de la complejidad de cada problema a resolver.

## 3.8 Participantes del estudio

El estudio de caso incluyó un total de 10 participantes con diversos niveles de experiencia en programación, lo que permitió evaluar el impacto de los *"AI-Coding Assistants"* en un entorno diferenciado y representativo con diferentes niveles de estudio y por ende capacidades técnicas variadas. Los detalles son:

- Estudiantes de la licenciatura en administración de tecnologías de la información de las materias de Fundamentos de programación y de Laboratorio de programación de la Facultad de Contaduría y Administración de la Universidad Autónoma de Chihuahua, trabajando con el lenguaje de programación Python.
- Competidores olímpicos en programación, provenientes de diversas instituciones, trabajando con el lenguaje de programación C++.
- Gemini operado por un docente en el área de programación en diversos lenguajes, incluyendo Python y C++, con más de 20 años de experiencia docente.

## 3.9 Recursos e insumos utilizados.

## 3.9.1 Recursos materiales

- Computadora con acceso a internet
- Cuenta en Gmail para acceder a la plataforma de codificación y herramienta de *"AI-Coding Assistants"* Gemini.
- Cuenta para acceso a la plataforma OmegaUp

### 3.9.2 Recursos humanos.

- Programadores con diferentes niveles de experiencia.
- Ingeniero o entrenador para el *"AI-Coding Assistants"* Gemini con perfil de programador
- Analista de datos y evaluación de software.

### 3.9.3 Fuentes de información.

- Datos históricos de envíos en OmegaUp.
- Problemas para plantear (ejemplo Anexo I)
- Plataforma Gemini con códigos generados
- Datos generados por evaluación de códigos de Gemini de OmegaUp
- Documentación y manuales de Gemini, OmegaUp, Python y C++.

## CAPÍTULO IV.    Resultados.

### 4.1 Perfil de los participantes humanos

Los participantes se distribuyeron de la siguiente manera:
- Estudiantes de Fundamentos de Programación a nivel licenciatura: 2 participantes.
- Estudiantes de Laboratorio de Programación a nivel licenciatura: 2 participantes.
- Competidores Olímpicos a Nivel Estatal: 4 participantes, considerados entre los mejores programadores de CONALEP del Estado de Chihuahua.
- Competidores Olímpicos a Nivel Nacional: 2 participantes, quienes se destacaron como los mejores programadores de educación media superior en México en el año 2023 por obtener medalla de oro en el concurso nacional.

Estos participantes provenían de diferentes instituciones y programas de estudios. Esta diversidad en los niveles de habilidad y experiencia permitió una comparación de los resultados entre los dos grupos de programadores.

## 4.2 Códigos generados por los participantes

Para el estudio de caso, se seleccionaron los códigos que fueron desarrollados por participantes humanos que no utilizaron los *"AI-Coding Assistants"*, ni la IA en ninguna modalidad y estos mismos problemas fueron planteados a Gemini. Los cuatro programas básicos fueron implementados utilizando Python, mientras que los problemas de mayor complejidad fueron resueltos en el lenguaje C++ que es el lenguaje oficial de programación para la olimpiada de informática, para ambos grupos. Para Gemini se limitó a 10 intentos por problema, es decir, hasta alcanzar el 100% de los casos de prueba o diez envíos, lo que sucediera primero, ajustando en Gemini la estrategia de solución en base a la retroalimentación recibida después de cada envío.

Cabe destacar algunos aspectos cualitativos observados en la generación de código por Gemini:

- Es relevante señalar que Gemini documentaba el código, explicando la función de cada segmento, esto facilitaba al *"prompter"* entender lo que cada línea de código realizaba
- Gemini precisaba de más información y ajustes en el *"prompt"* para resolver problemas complejos. Este hecho resalta la relevancia de una gestión adecuada del *"prompt"* y la comprensión profunda del problema para maximizar el rendimiento del *"AI-Coding Assistant"*.
- Cada vez que se generaba código, Gemini describía las mejoras implementadas en cada nueva versión propuesta, fundamentadas en la retroalimentación recibida tras cada intento.
- En el Apéndice A se incluye el ejemplo del promtp para tratar de resolver el problema de mayor complejidad.

## 4.3 Resultados del diagnóstico del caso

Este estudio de caso se llevó a cabo utilizando como la plataforma de evaluación a OmegaUp, la cual permitió obtener las siguientes métricas:

- casos de prueba resueltos,
- uso de memoria primaria,
- tiempo de procesamiento.

Estas lecturas fueron la base para evaluar y permitir hacer la comparación en la calidad y eficiencia de los códigos generados tanto por humanos como por

Gemini, quien fue el Asistente de Codificación Basado en IA seleccionado para el presente estudio de caso, proporcionando ciertos hallazgos relevantes obtenidos mediante un análisis basado en los resultados obtenidos para responder la pregunta de investigación planteada en el estudio y comprobar o no la hipótesis planteada, además permitió la identificación de diferencias significativas entre ambos tipos de programación, destacando las fortalezas y debilidades de cada enfoque.

Sobre los problemas, algunos fueron resueltos por Gemini en el primer intento, especialmente aquellos de menor complejidad, mientras que otros requirieron múltiples intentos para alcanzar una solución completa, donde tres de los problemas con Gemini no alcanzaron el 100%, incluyendo uno con cero, y en los humanos solo uno no alcanzo la solución completa: el de mayor complejidad.

## 4.3.1 Datos recolectados desde el sistema de evaluación automática OmegaUp.

Los resultados globales se recolectaron en el instrumento, todos y cada una de las métricas indicadas para cada problema. En la Tabla 5 se hace una descripción general de las características de todos y cada uno de los problemas que se resolvieron, además, de algunas observaciones con respecto a la realización del proceso:

Tabla 11 Descripción general de los problemas propuestos

| Problema | Uso del problema en humanos | Complejidad | Lenguaje | Observaciones |
|---|---|---|---|---|
| 1 | Se usó en clases de programación. | Muy fácil | Python | Este problema básico se usó para preparar a Gemini. La IA genera código documentado |
| 2 | Se usó en clases de programación. | Muy fácil | Python | |
| 3 | Se usó en clases de programación. | Muy fácil | Python | Además de código documentado arroja una descripción general, explicación, análisis de eficiencia y mejora adicional. |
| 4 | Se usó en clases de programación. | Fácil | Python | Se envío 10 veces a Gemini |
| 5 | Concurso estatal de programación Conalep Chihuahua | Muy fácil | C++ | |

| | | | | |
|---|---|---|---|---|
| 6 | Concurso estatal de programación Conalep Chihuahua | Fácil | C++ | |
| 7 | Concurso estatal de programación Chihuahua | Regular | C++ | |
| 8 | Concurso estatal de programación Chihuahua | Complejo | C++ | Se envío 10 veces a Gemini |
| 9 | Concurso nacional de programación | Complejo | C++ | 99 competidores solo 35 lo resolvieron con 100 |
| 10 | Concurso nacional de programación | Muy complejo | C++ | 99 competidores solo 1 obtuvo 58% y otro con 45%, 5 con 25% |

Como se puede apreciar se cuentan con diferentes niveles de complejidad y diversos usos de los problemas para ser resueltos.

En la siguiente tabla se muestran los resultados de los códigos enviados a la plataforma OmegaUp:

**Tabla 12** Resultado de las métricas obtenidas de OmegaUp

| Problema | Casos de Prueba Resueltos (% de solución) | | Uso de Memoria (Cantidad de RAM en Mb) | | Tiempo de Procesamiento (en segundos) | | Líneas de Código (Cantidad de líneas) | |
|---|---|---|---|---|---|---|---|---|
| | Humano | Gemini | Humano | Gemini | Humano | Gemini | Humano | Gemini |
| 1 | 100 | 100 | 10.77 | 10.91 | 0.19 | 0.18 | 4 | 5 |
| 2 | 100 | 100 | 10.82 | 10.79 | 0.07 | 0.09 | 8 | 9 |
| 3 | 100 | 100 | 10.83 | 10.93 | 0.42 | 0.42 | 13 | 11 |
| 4 | 100 | 60 | 10.84 | 10.87 | 2.51 | Excedido | 15 | 15 |
| 5 | 100 | 100 | 3.39 | 3.38 | 0.01 | 0.01 | 14 | 9 |
| 6 | 100 | 100 | 3.43 | 3.7 | 0.03 | 0.05 | 58 | 33 |
| 7 | 100 | 100 | 3.66 | 3.49 | 0.06 | 0.06 | 23 | 25 |
| 8 | 100 | 60 | 3.87 | 3.72 | 0.58 | 0.66 | 46 | 52 |
| 9 | 100 | 100 | 2.29 | 3.76 | 0.19 | 0.14 | 45 | 22 |
| 10 | 58 | 0 | 21.68 | No se resolvió | 1.56 | No se resolvió | 98 | No se resolvió |

En todos los problemas se obtuvo las métricas, solo en el caso de Gemini el problema 10 no lo pudo resolver, por lo que al obtener 0% en casos resueltos, no se genera métrica de ningún tipo. En la siguiente tabla se muestra la distribución de problemas por grado de complejidad.

| Complejidad | Cantidad de problemas |
|---|---|
| Muy fácil | 4 |
| Fácil | 2 |
| Regular | 1 |
| Complejo | 2 |
| Muy complejo | 1 |

En porcentajes de complejidad se muestra en la Figura 2 donde se muestra que la mayoría de los problemas propuestos fueron "muy fáciles" y en menor escala los "muy complejos" y "regulares".

Figura 2 Distribución de problemas por grado de complejidad

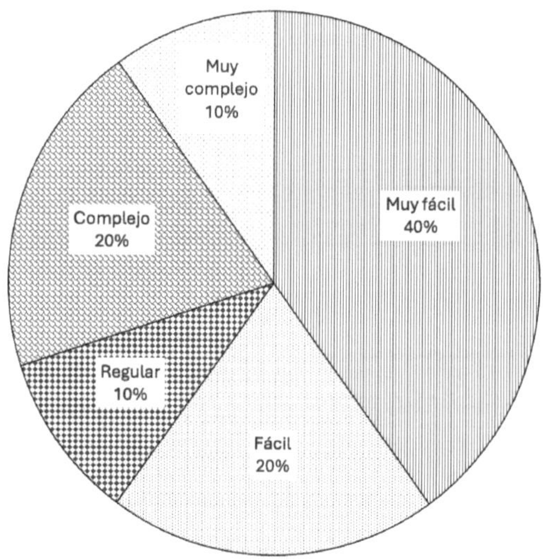


Se asignó un alto porcentaje de problemas en los niveles de menor complejidad con el objetivo de proporcionar tanto a los participantes humanos como a Gemini la oportunidad de realizar un adiestramiento preliminar y familiarizarse con la plataforma. Aunque este proceso no fue explícitamente abordado en la presente investigación para los humanos, todos pasaron por una etapa de reconocimiento de la plataforma en algún momento. En el Anexo I se puede consultar el problema de mayor complejidad revisado en la presente investigación.

## 4.3.2 Concentrado de resultados de los dos grupos de programadores

La tabla 8 muestra el concentrado general de resultados y las diferencias entre ambos grupos de programadores con los promedios obtenidos de cada métrica analizada.

**Tabla 14** Concentrado general de promedio de resultados

| Métrica | Resultado Programador Humano Promedio | Resultado *AI-Coding Assistant* Gemini Promedio | Mejor Desempeño |
|---|---|---|---|
| Casos de Prueba Resueltos (%) | 95.8 | 82.0 | Humano |
| Uso de Memoria (MB) | 6.66 | 6.84 | Es una diferencia no significativa |
| Tiempo de Procesamiento (s) | 0.19 | 0.20 | Humano |

En general el humano supera a lo generado con Gemini, uno de los problemas no fue resuelto por Gemini, el de mayor complejidad. Para no alterar la comparativa inicial, el problema 10 que consumía más recursos (memoria y tiempo de procesamiento) no se incluyó en la tabla anterior, ya que como se indicó, Gemini llegó al 0% de casos resueltos y los promedios se elevan por mucho en los resultados de los humanos

## 4.3.3 Resultados métrica: casos de prueba

Cada problema propuesto en este estudio contiene una variedad de casos de prueba con diferentes niveles de complejidad y ponderaciones. Por ejemplo, en un problema básico, si tiene solo dos casos de prueba, entonces, cada caso representa un 50% de la solución total, o un 25% si hay cuatro casos. En problemas más complejos, esto varía, como en el problema denominado "Franquicias", donde se describen cinco subtareas con diferentes puntuaciones:
- **Subtarea 1**: 12 puntos
- **Subtarea 2**: 13 puntos
- **Subtarea 3**: 20 puntos
- **Subtarea 4**: 25 puntos
- **Subtarea 5**: 30 puntos

Cada subtarea contiene uno o varios casos de prueba, siendo necesario resolver todos para obtener la máxima puntuación, es decir 100 puntos que equivale al 100% de casos resueltos. Al observar los resultados obtenidos, se puede ver que tanto los programadores humanos como Gemini resolvieron los casos de prueba con diferentes resultados. En la tabla 9 se resume los porcentajes de solución logrados para cada problema.

**Tabla 15** Resultados métrica: Casos de prueba

| Problema | Complejidad | Humano (%) | Gemini (%) | Mayor porcentaje |
|---|---|---|---|---|
| 1 | Muy fácil | 100 | 100 | Igual |
| 2 | Muy fácil | 100 | 100 | Igual |
| 3 | Muy fácil | 100 | 100 | Igual |
| 4 | Fácil | 100 | 60 | Humano |
| 5 | Muy fácil | 100 | 100 | Igual |
| 6 | Fácil | 100 | 100 | Igual |
| 7 | Regular | 100 | 100 | Igual |
| 8 | Complejo | 100 | 60 | Humano |
| 9 | Complejo | 100 | 100 | Igual |
| 10 | Muy complejo | 58 | 0 | Humano |

Se puede observar que, en problemas clasificados como muy fáciles, ambos grupos de programadores (humanos y Gemini), lograron una solución completa (con el 100% de los casos resueltos). Sin embargo, en uno de los problemas clasificados como fáciles (un poco más complejo que los más fáciles) no logró resolverlo al 100% y uno de los problemas complejos tampoco.

El análisis muestra que mientras los problemas básicos (Muy fáciles) fueron resueltos de manera eficiente por ambos, humanos y Gemini, los problemas complejos presentaron un desafío mayor. Gemini, en particular, mostró limitaciones en su capacidad para manejar la complejidad de ciertos casos, especialmente aquellos que requerían soluciones iterativas y análisis profundo de las subtareas. En la tabla 10 se muestra el porcentaje de casos resueltos agrupados por complejidad.

| Complejidad | Humano (%) | Gemini (%) | Diferencia promedio (%) | A Favor de |
|---|---|---|---|---|
| Complejo | 100.0 | 80.0 | 20.0 | Humano |
| Fácil | 100.0 | 80.0 | 20.0 | Humano |
| Muy complejo | 58.0 | 0.0 | 58.0 | Humano |
| Muy fácil | 100.0 | 100.0 | 0.0 | Igual |
| Regular | 100.0 | 100.0 | 0.0 | Igual |

En el problema planteado como el más complejo de todos, el humano alcanzó solo el 58% y Gemini no logró resolver ningún caso de prueba de dicho problema. En la figura 3 se muestran los datos agrupando los valores por nivel de complejidad

**Figura 3 Casos resueltos agrupados por nivel de complejidad**

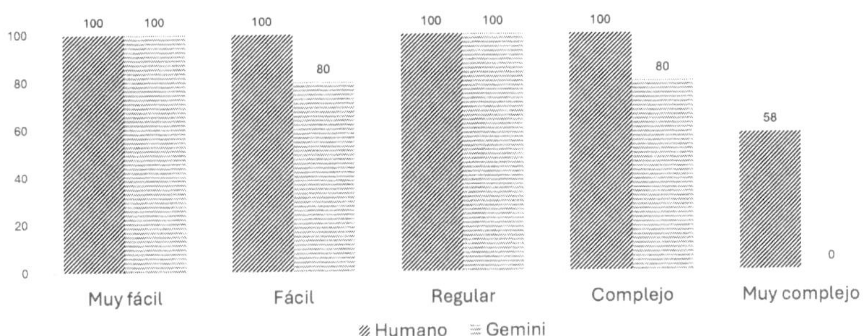


En los complejos y fáciles Gemini llegó al 80% siendo superado por los humanos.

De lo anterior se presentan los datos y estadísticas correspondientes con los datos globales de los resultados obtenidos:
- Promedio de Casos Resueltos por Humanos: 95.8%
- Promedio de Casos Resueltos por Gemini: 82.0%
- Desviación Estándar para Humanos: 13.28%
- Desviación Estándar para Gemini: 33.27%

En general en la métrica de casos resueltos (el grado de solución que se presentan en los problemas planteados) de los dos grupos de programadores se resume que:

- Los programadores humanos mostraron un alto nivel de éxito, resolviendo en promedio el 95.8% de los casos de prueba, con una baja variabilidad en su desempeño, solo en el problema de mayor complejidad, el problema 10, hubo al menos un programador que logró resolver más del 50% del problema.
- Gemini, aunque en promedio resolvió el 82.0% de los casos, mostró una mayor variabilidad en su desempeño (33.27% de desviación estándar), lo que indica que su eficacia varía significativamente dependiendo de la complejidad del problema. Por lo que se puede mostrar limitaciones en Gemini en las propuestas de solución conforme aumenta el nivel de complejidad de los problemas planteados, mostrando una dependencia y requiriendo más intervención humana para guiar o ajustar los procesos de resolución.

En resumen, aunque los 'AI-Coding Assistants' como Gemini proporcionan un soporte considerable en tareas de codificación más directas y menos complejas, su implementación en escenarios más desafiantes todavía requiere orientación y un aporte significativo de datos. La dependencia de la intervención y dirección humana sigue siendo crucial, especialmente en etapas avanzadas de programación y en problemas que exigen un alto grado de instrucciones y de estructura de datos más complejas.

### 4.3.4 Resultados métrica: Uso de memoria primaria

El uso de memoria primaria es una métrica esencial para evaluar la eficiencia de algunas de las soluciones planteadas, tanto de programadores humanos como del *AI-Coding Assistant* Gemini. Este análisis proporciona una comparativa en el consumo de este recurso, que en muchos dispositivos se limita a niveles donde se vuelve elemental su ahorro, particularmente, en dispositivos móviles y del internet de las cosas.

Cada problema en el estudio tenía asignado un límite de memoria que varía de 32 MB a 128 MB, dependiendo de su complejidad, tipos de datos de entrada y de salida, así como del uso de las estructuras de datos y algoritmos para plantear soluciones. Las limitaciones en el uso de memoria en los problemas planteados, está diseñada para asegurar que los códigos pudieran ser ejecutados eficientemente sin sobrepasar los límites planteados y no abusar de estos sin necesidad.

En la siguiente tabla se resume el uso de memoria para cada problema tanto por los programadores humanos como por Gemini, indicando quién ahorró más memoria.

Tabla 17 Uso de memoria principal

| Problema | Memoria Humano (MB) | Memoria Gemini (MB) | Diferencia | Mayor Ahorro |
|---|---|---|---|---|
| 1 | 10.77 | 10.91 | 0.14 | Humano |
| 2 | 10.82 | 10.79 | 0.03 | Gemini |
| 3 | 10.83 | 10.93 | 0.10 | Humano |
| 4 | 10.84 | 10.87 | 0.03 | Humano |
| 5 | 3.39 | 3.38 | 0.01 | Gemini |
| 6 | 3.43 | 3.70 | 0.27 | Humano |
| 7 | 3.66 | 3.49 | 0.17 | Gemini |
| 8 | 3.87 | 3.72 | 0.15 | Gemini |
| 9 | 2.29 | 3.76 | 1.47 | Humano |
| 10 | 21.68 | Falló | NA | Humano |

No se detectaron diferencias significativas o de gran consideración en el uso de memoria entre los programadores humanos y Gemini, lo que indica que ambos manejan la memoria de manera similar y siempre dentro de los límites establecidos para cada problema. En la siguiente figura se pueden apreciar que la diferencia es muy poca entre los grupos de programación

Figura 4 Uso de memoria por problema

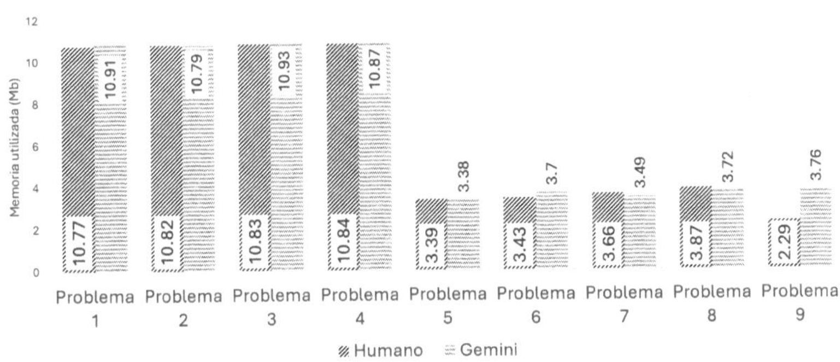


En el problema 10 no se pudo determinar la cantidad de memoria usada por Gemini porque no lo pudo resolver, derivado de ello se excluye, para hacer un análisis que permita hacer una comparación más objetiva, ya que el

humano si logro parcialmente resolverlo y el consumo de recursos afecta los resultados.

Excluyendo el Problema 10, los cálculos para el promedio y la desviación estándar de la memoria utilizada por humanos y Gemini son los siguientes:

- Promedio de Memoria Usada por Humanos: 6.66 MB
- Promedio de Memoria Usada por Gemini: 6.84 MB
- Desviación Estándar de Memoria Usada por Humanos: 3.97 MB
- Desviación Estándar de Memoria Usada por Gemini: 3.83 MB

Estos valores dan una perspectiva más clara del uso de memoria sin considerar el caso atípico del Problema 10. Por no tener una diferencia muy significativa en esta métrica no se realizarán más análisis entre ambos resultados.

En promedio, Gemini utilizó 0.18 Mb de memoria más que los programadores humanos, lo que sugiere que es muy parecido el uso de recursos entre los dos grupos de programadores. La ausencia de datos de memoria para Gemini en el Problema 10, no permitió hacer el análisis completo. Sin embargo, cabe hacer mención que el problema nueve que era el penúltimo en orden descendente en grado de complejidad fue el que tuvo la mayor diferencia en el uso de recursos, Gemini uso 1.47 Mb más que el humano, esto sugiere que es posible que, a mayor complejidad, Gemini consuma más memoria como se puede aprecia en la siguiente gráfica:

**Figura 5 Uso de memoria por grado de complejidad**

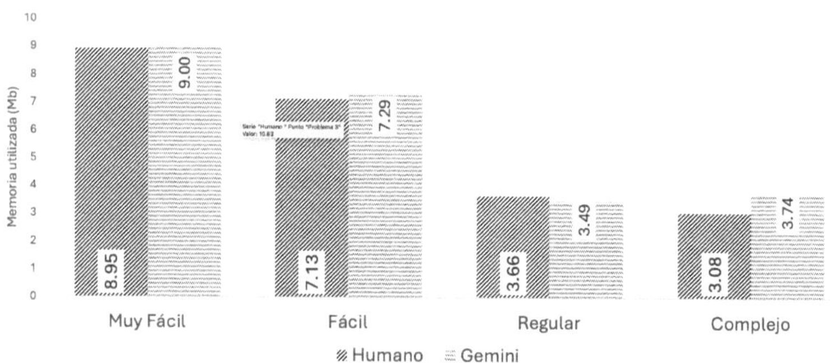


Se puede observar que el grupo de problemas "Complejo" Gemini usa más memoria que el humano, es donde se nota la mayor diferencia. La falta de diferencias notables en el uso de memoria para la mayoría de los problemas sugiere que Gemini está programado para adherirse a las restricciones de memoria de manera similar a los programadores humanos. Esto es crucial en contextos donde la eficiencia de memoria puede impactar directamente el rendimiento general del sistema.

### 4.3.5 Resultados métrica: Tiempo de Procesamiento

El análisis del tiempo de procesamiento de los programas tanto por los programadores humanos como por el *AI-Coding Assistant* Gemini fue otra de la métrica seleccionada, ya que es elemental para definir las velocidades de ejecución de los programas, es decir, el de realizar las líneas de código, una a una. En los dispositivos móviles esta velocidad se vuelve de vital importancia, ya que, por lo general, las velocidades de reloj de la unidad central de proceso siempre van atrás que las computadoras. Esté análisis permite comparar la velocidad en términos de tiempo necesario para completar cada tarea o algoritmos, aunque las diferencias sean mínimas aquí si se vuelven muy relevantes a diferencia en el uso de la memoria, porque las velocidades de reloj de los diferentes dispositivos de procesamiento son muy variadas entre unos y otros, y un milisegundo en un proceso cuesta mucho en el mundo digital.

En la tabla 12 se compara el tiempo de procesamiento para cada problema entre los programadores humanos y Gemini, indicando cuál de los dos tuvo un mejor rendimiento en sus tiempos de proceso.

Tabla 18 Tiempo de procesamiento en la ejecución de programas.

| Problema | Tiempo Humano (s) | Tiempo Gemini (s) | Diferencia (s) | Mejor Tiempo |
|---|---|---|---|---|
| 1 | 0.19 | 0.18 | 0.01 | Gemini |
| 2 | 0.07 | 0.09 | 0.02 | Humano |
| 3 | 0.42 | 0.42 | 0 | Empate |
| 4 | 2.51 | Excedido | No se pudo determinar | Humano |
| 5 | 0.01 | 0.01 | 0 | Empate |
| 6 | 0.03 | 0.05 | 0.02 | Humano |
| 7 | 0.06 | 0.06 | 0 | Empate |
| 8 | 0.58 | 0.66 | 0.08 | Humano |
| 9 | 0.19 | 0.14 | 0.05 | Gemini |
| 10 | 1.56 | No se obtuvo | No se pudo determinar | Humano |

En la mayoría de los casos, el tiempo de procesamiento de Gemini es competitivo, especialmente en los problemas donde logra completar las tareas al 100%. Sin embargo, en situaciones donde los problemas son más desafiantes (Problema 4 y 10), Gemini no logra completar la tarea o excede el tiempo esperado, indicando limitaciones en su capacidad de procesamiento bajo condiciones más complejas. No obstante, en el caso del problema 4, clasificado como fácil, Gemini excedió los límites de tiempo de procesamiento establecidos y no logró resolver el 100% de los casos.

En la siguiente figura se puede apreciar que los diversos grupos de problemas muy fáciles y regulares Gemini y los humanos generan un mismo tiempo de procesamiento.

**Figura 6 Tiempos de procesamiento agrupados por grado de complejidad**

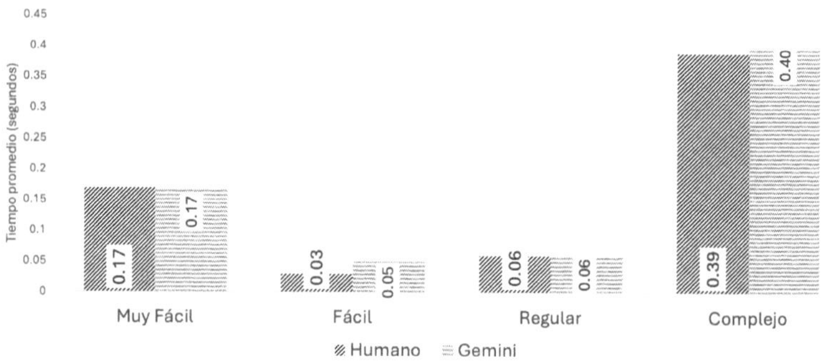


Es importante destacar que, en promedio, los humanos generaron códigos con tiempos de procesamiento más rápidos que Gemini en los grupos de problemas complejos y fáciles. Para poder realizar el análisis presente, se va a excluir los problemas 4 y 10 por:
- Problema 4: Gemini excedió el tiempo límite, lo cual no proporciona un tiempo válido para la comparación.
- Problema 10: Gemini no resolvió el problema, lo que resultó en una falta de datos para este caso.

La exclusión de estos problemas permite una comparación más precisa, aunque parcial, entre humanos y Gemini en los problemas donde ambos

pudieron completar las tareas, esto elimina casos atípicos que podrían sesgar
el análisis general del rendimiento.

- Promedio de Tiempo Usado por Humanos: 0.19 s
- Promedio de Tiempo Usado por Gemini: 0.20 s
- Desviación Estándar del Tiempo Usado por Humanos: 0.21 s
- Desviación Estándar del Tiempo Usado por Gemini: 0.22 s

La evaluación del tiempo de procesamiento entre los programadores
humanos y el *AI-Coding Assistant* Gemini revela aspectos importantes en
términos de rapidez. A continuación, se interpretan los resultados clave:

- Solo en dos de los problemas en el uno y en el nueve. Gemini fue
  capaz de superar a los programadores humanos
- Los problemas que presentaron un grado mayor de complejidad
  (Problemas 4, 10) evidenciaron las limitaciones de Gemini, quien no
  solo no completó las tareas, sino que, en el caso del Problema 4,
  excedió el tiempo de procesamiento permitido. Este comportamiento
  indica que Gemini podría necesitar ajustes o mejoras en su capacidad
  para gestionar y procesar de manera eficiente tareas que superan un
  nivel específico de complejidad.
- En problemas de complejidad moderada (Problemas 3, 5, 7), tanto los
  humanos como Gemini mostraron tiempos de procesamiento
  comparables, resultando en empates. Esto demuestra que, en ciertas
  condiciones, Gemini puede igualar el desempeño humano.
- La variabilidad en el desempeño de ambos grupos de programadores,
  mostrada por la desviación estándar en los tiempos de procesamiento,
  resalta la diversidad en las estrategias y habilidades individuales de
  los programadores. Esto refleja cómo diferentes enfoques y niveles de
  experiencia pueden influir significativamente en la eficiencia de
  solución.

En resumen, la interpretación de los resultados del tiempo de procesamiento
no solo refleja la capacidad actual de Gemini y los programadores humanos,
el desglose de cuántos problemas tuvieron mejor tiempo los humanos,
Gemini y cuántos fueron empate quedó como sigue:

- Humanos: Mejor tiempo en 4 problemas.
- Gemini: Mejor tiempo en 2 problemas.

- Empate: Mejor tiempo en 3 problemas.

Estos resultados muestran que, los humanos tuvieron un mejor rendimiento en más problemas comparados con Gemini.

## 4.2 Desarrollo de la propuesta de solución

A partir de los resultados obtenidos, se identificaron áreas de mejora y retos específicos que pueden abordarse para optimizar el uso de *AI-Coding Assistants* en el desarrollo de software, ya que en general no obtuvo los mejores resultados, estos puntos basados en mejorar la eficiencia y la calidad del código generado, se describen mediante una serie de estrategias y recomendaciones basadas en los hallazgos. Los principales puntos que se pudieran realizar para mejorar a Gemini son:

- Se debe realizar una optimización del *"prompt"* para Gemini, ajustando y refinando esta interacción, con el fin de proporcionar un contexto más claro y detallado que permita generar soluciones más precisas y eficientes en los problemas de mayor complejidad y en aquellos cuya descripción puedan contener confusiones o no dejen en claro el problema, aquí se debe ampliar el *"prompt"* o indicarle mediante el mismo *"prompt"* si necesita más datos o existen puntos de confusión o doble interpretación.
- Mejorar la capacidad de Gemini mediante un proceso continuo de entrenamiento y retroalimentación basado en los resultados obtenidos y las soluciones generadas, de los problemas resueltos y no resueltos, compartiendo las respectivas soluciones. Esta retroalimentación enriquecerá al modelo de aprendizaje de la plataforma, solo se debe recordar que, en cierta manera, se está entrenando a un sistema que no es de beneficio general, si no de una empresa privada.
- Incorporar técnicas de aprendizaje por refuerzo para que Gemini aprenda de sus errores y mejore con cada iteración, estableciendo un sistema de retroalimentación donde los desarrolladores puedan calificar y comentar las soluciones propuestas por Gemini y los fallos que se cometen, es decir, señalar los errores o deficiencias cometidas a la plataforma.
- Implementar un sistema de monitoreo y análisis continuo del rendimiento de Gemini para identificar áreas de mejora y ajustar las

estrategias según sea necesario, se pueden establecer métricas de rendimiento clave y un sistema de monitoreo en tiempo real para analizar periódicamente los datos de rendimiento y generar informes que identifiquen tendencias y áreas de mejora y con ello ajustar las estrategias y técnicas de generación de código en función de los análisis realizados.

Para la implementación de la propuesta se puede hacer por etapas las cuales son:

- **Fase inicio**: Revisión de los *"prompts"* enviados, especialmente los que no lograron el 100% de la solución del problema, usaron más memoria que los humanos y/o consumieron más tiempo de ejecución. Analizar el problema planteado.

- **Fase de pruebas:** Selección de un conjunto representativo de problemas para entrenar y analizar resultados y en base a ello implementar estrategias de optimización. Ir aumentando complejidad de los problemas, ir entrenando con problemas sencillo y gradualmente aumentar la complejidad.

- **Fase de revisión y retroalimentación:** Evaluación del rendimiento de Gemini y ajuste de las estrategias en caso de resultados no esperados o no alcanzados con una implementación de mejoras adicionales y repetición del ciclo en caso de ser necesario desde la fase de inicio hasta alcanzar el éxito. Monitoreo continuo.

- **Fase final:** Despliegue de las estrategias optimizadas a un conjunto más amplio de problemas, probar con diversos lenguajes soportados. Generación de informes de rendimiento periódicos para evaluar el impacto de las mejoras implementadas.

Esta propuesta de solución se basa en un enfoque reiterativo y basado en datos, buscando mejorar la eficiencia y calidad del código generado por el *AI-Coding Assistants* Gemini.

A través de la optimización de *"prompts"*, la retroalimentación y el entrenamiento continuo, así como un monitoreo constante, se espera que Gemini puedan ofrecer un soporte cada vez más efectivo y preciso en el desarrollo de software, complementando y potenciando el trabajo de los programadores humanos. Cabe hacer mención y reiterar lo que se indica en unos de los puntos para mejorar a Gemini, es que, al desarrollar estas mejoras a la plataforma, se está beneficiando a una empresa privada

## CAPÍTULO V.    Conclusiones y recomendaciones.

### 5.1 Conclusiones

En este capítulo se concluye el estudio describiendo de manera general los principales resultados del estudio de caso basadas en relación con el objetivo y pregunta general planteada: Evaluar el impacto de los *AI-Coding Assistants*, en particular Gemini, en el proceso de desarrollo de software, comparándolo con el trabajo de programadores humanos. Además, se hace una reflexión sobre las contribuciones, recomendaciones y posibles mejoras para investigaciones futuras. Las métricas utilizadas incluyeron el número de casos de prueba resueltos, el uso de memoria primaria y el tiempo de procesamiento.

Los resultados indican que estas herramientas pueden aumentar la eficacia en tareas simples, pero su rendimiento se reduce conforme la complejidad del problema aumenta. Esto demuestra la relevancia de la participación humana en el manejo por medio de los *"prompts"* de los Asistentes de Codificación de IA, además, refleja que aún no están preparados para sustituir por completo a los desarrolladores humanos, sino que deben considerarse como instrumentos y/o herramientas complementarias que coadyuven en las tareas de codificación. Por lo que es un indicativo solido de que la inteligencia artificial, en su estado actual, es más idónea para tareas concretas y limitadas, en lugar de ser usada para la solución de problemas complejos, al menos hasta hoy en día con la plataforma Gemini.

Las empresas dedicadas al desarrollo de software podrían evaluar la posibilidad de incorporar estas herramientas en sus procedimientos con el fin de automatizar labores habituales y disminuir la carga laboral de los desarrolladores, lo que les permitiría enfocarse en aquellos procesos más elaborados y creativos. Los resultados señalan que, en problemas altamente complejos, es fundamental la supervisión, pruebas y corrección por parte de programadores con experiencia para garantizar la calidad y eficacia del código, ya que, su rendimiento se reduce notablemente, lo cual sugiere que todavía necesitan la intervención de personas técnicamente preparadas para enfrentar situaciones más complejas y desarrollar soluciones que demanden soluciones con algoritmos más complejos.

El objetivo general que fue: *"Evaluar el impacto de los "AI-Coding Assistants" en la eficiencia del proceso de desarrollo de software por medio de las métricas: porcentaje de solución, consumo de RAM y tiempo de ejecución."* se pudo realizar conforme a la metodología planteada, siendo evaluado Gemini por medio de las métricas indicadas y usando OmegaUp quien permitió generar la información basada en la evaluación de los códigos, determinándose que, aunque Gemini mostró eficiencia en problemas simples, los programadores humanos superaron a la IA en problemas complejos tanto en porcentaje de solución como en tiempo de procesamiento, con un uso de memoria comparable.

Sobre la hipótesis planteada: *"El uso de "AI-Coding Assistants" mejorará el proceso de desarrollo de software en cuanto a un mayor número de casos resueltos, menor uso de RAM y mayor velocidad de procesamiento, con respecto al desarrollado sin asistencia de IA"* se determinó que no se comprueba completamente, es decir, en algunas de las métricas el uso de Gemini no mejora el proceso de desarrollo de software, ya que los resultados indican que, Gemini no mejora de manera significativa el código en comparación con los programadores humanos en escenarios de alta complejidad. Esto sugiere que los *AI-Coding Assistants* tienen un gran potencial para mejorar la eficiencia en tareas específicas, pero aún requieren mejoras para manejar problemas de alta complejidad con la misma fiabilidad que los programadores humanos. En resumen, los resultados obtenidos a lo largo de las métricas evaluadas (casos de prueba resueltos, uso de memoria y tiempo de procesamiento) indican que la hipótesis se confirma parcialmente.

La evaluación de los casos de prueba resueltos por los programadores humanos y el *AI-Coding Assistant* Gemini ofrece varias conclusiones clave sobre la efectividad de las soluciones de programación y la capacidad de Gemini para adaptarse y resolver problemas de codificación de diversa complejidad. Tanto los programadores humanos como Gemini demostraron una alta eficacia al resolver problemas de baja complejidad, alcanzando un 100% de éxito en la mayoría de los casos. Esto indica que Gemini está bien adaptado para tareas de programación básicas y puede ofrecer soluciones confiables que están a la par con las habilidades de los programadores humanos. Sin embargo, Gemini enfrentó dificultades significativas en problemas de alta complejidad, especialmente en aquellos que requieren soluciones más complejas, como se evidenció en el Problema 10 donde no logró resolver ningún caso de prueba. Esto contrasta con el desempeño de los programadores humanos, quienes, aunque también encontraron retos, lograron resolver una mayor proporción de estos problemas.

Con respecto a la métrica en el uso de la memoria, los resultados indican que tanto los programadores humanos como Gemini son capaces de administrar la memoria de manera eficiente, ajustándose a los límites establecidos sin comprometer el rendimiento. Este hallazgo refuerza la viabilidad de Gemini para ser utilizado en entornos de desarrollo, igualando a los programadores humanos en la gestión de recursos críticos como la memoria. Estos hallazgos invitan a una exploración más profunda sobre cómo los Asistentes de Codificación Basados en IA pueden ser afinados para maximizar su eficiencia operativa y contribuir de manera significativa al campo del desarrollo de software y hacer pruebas indicándole a Gemini que busque otra solución optimizando el uso de la memoria.

Sobre el tiempo de procesamiento, los resultados muestran que Gemini puede ser extremadamente eficiente, particularmente en problemas menos complejos. Esto sugiere que sus algoritmos están bien optimizados para ciertas tareas, aunque su rendimiento decrece significativamente con el aumento de la complejidad.

## 5.2 Recomendaciones

A partir de los resultados obtenidos, se presentan estas recomendaciones generales, iniciando con la investigación y el desarrollo de mejoras en los Asistentes de Codificación Basados en IA (*AI-Coding Assistants*), partiendo de la optimización de sus algoritmos de aprendizaje automático y en su capacidad para resolver problemas altamente complejos. En siguientes investigaciones se sugiere aumentar la cantidad de problemas, es decir, en este estudio de caso se limitó solo a diez problemas para resolver, si se amplía más se tendría un mejor y más amplio panorama, y se podría realizar un análisis más completo y disminuir posibles errores. Asimismo, la incorporación de métricas adicionales podría proporcionar una perspectiva más integral sobre la influencia de dichas herramientas. Incluso, probar con otros lenguajes de programación además de Python y C++.

Se propone analizar la integración en una primera fase, en instituciones educativas de los Asistentes de Inteligencia Artificial para Codificación para la enseñanza de la programación, en donde la misma inteligencia artificial explique los códigos y los documente.

Sería provechoso llevar a cabo estudios comparativos con otros asistentes de codificación de IA para determinar su efectividad en diversos contextos de desarrollo de software, dado que el presente estudio se enfocó solo en Gemini.

También se sugiere analizar y estudiar las estrategias más efectivas para la creación y manejo de los *"prompts"* con el fin de optimizar el rendimiento de la inteligencia artificial en la generación de código y eliminar la posibilidad de que este manejo sea quien interfiere en la efectividad de Gemini en el desarrollo de software.

Promover la integración de Asistentes de Inteligencia Artificial en los procesos de trabajo de los equipos de desarrollo de software, como un recurso complementario y no como un reemplazo de los programadores humanos.

En síntesis, los resultados obtenidos muestran las fortalezas y limitaciones presentes en Gemini, describiendo estas recomendaciones para posibles desarrollos futuros y mejoras que podrían facilitar una integración más eficiente y exitosa de dichas herramientas en el proceso de desarrollo de software.

**Referencias.**

---

Bartneck, C., Lütge, C., Wagner, A., & Welsh, S. (2021). An Introduction to Ethics in Robotics and AI. *Springer International Publishing.* https://doi.org/https://doi.org/10.1007/978-3-030-51110-4

Chacón Sartori, C. (2023). *Principios de programación.* Marcombo. Recuperado julio 8, 2024.

Congreso de la Unión. (2020, julio). *Ley Federal del Derecho de Autor.* Recuperado julio 9, 2024, de Camara de diputados del H. Congreso de la Unión: https://www.diputados.gob.mx/LeyesBiblio/pdf/LFDA.pdf

Corso, V., Mariani, L., Micucci, D., & Riganelli, O. (2024). Assessing AI-Based Code Assistants in Method Generation Tasks. https://doi.org/10.1145/3639478.3643122

GeeksforGeeks. (2023, marzo 29). *Introduction to Programming Languages.* Recuperado julio 11, 2024, de Geeks for Geeks: https://www.geeksforgeeks.org/introduction-to-programming-languages/

Girdhar, K., Arora, L., & Sharma, S. (2023). Low Level Design: An Online Judge. *International Journal for Research in Applied Science & Engineering Technology, 11*(III). https://doi.org/https://doi.org/10.22214/ijraset.2023.48729

Google Cloud. (2023). *¿Qué es el aprendizaje automático (AA)?* Recuperado julio 2024, de Definición de aprendizaje automático: https://cloud.google.com/learn/what-is-machine-learning?hl=es-419

Google Cloud. (2024). *Usa la IA para generar código con prompts en lenguaje humano.* Recuperado julio 15, 2024, de Generación de código de IA: https://cloud.google.com/use-cases/ai-code-generation?hl=es-419

Joyanes Aguilar, L. (2008). *Fundamentos de programación* (Cuarta
       Edición ed.). Madrid, España: McGraw-Hill/Iinteramericana de
       España, S. A. U. Recuperado julio 2024.

Liang, H., Chen, C., Zhong, X., & Chen, Y. (2017). Design and
       implementation of online automatic judging. *IOP Publishing*.
       https://doi.org/https://doi.org/10.1088/1755-1315/69/1/012091

Martín Villalba, C., Urquía Moraleda, A., & Rubio Gonzáles, M. (2021).
       *Lenguajes de programación*. UNED. Recuperado julio 2024.

Nygård, J. (2024). AI-assisted code generation tools. *University of Oulu*.
       Recuperado julio 16, 2024.

Odeh, A., Odeh, N., & Mohammed, A. (2024). A comparative review of AI
       techniques for automated code generation in software development:
       Advancements, challenges, and future directions. . *TEM Journal,
       12*(1), 726-739,. https://doi.org/10.18421/TEM131-76

OmegaUp. (2020). *Acerca de*. OmegaUp:
       https://www.omegaup.org/#about

OmegaUp. (2024). OmegaUp Juez en línea: https://omegaup.com/

OMI - Olimpiada Mexicana de Informática. (2019). *Información General
       de la OMI*. Olimpiada Mexicana de Informática:
       https://olimpiadadeinformatica.org.mx/OMI/OMI/InfoGeneral/Que_
       es_la_OMI.aspx

Pinto, G., de Souza, C., Batista Neto, J., de Souza, A., Gotto, T., &
       Monteiro, E. (2023). Lessons from building StackSpot AI: A
       contextualized AI coding assistant. *46th International Conference on
       Software Engineering*.
       https://doi.org/https://doi.org/10.1145/3613372.3614197

Schouwenaar, J. (2024). Understanding the impact of an AI coding
       assistant, GitHub's Copilot, on developers and their work
       experiences. *Eindhoven University of Technology*. Recuperado julio
       2024.

Stack Overflow. (2024, agosto). *Stack Overflow Developer Survey 2024*.
       Stack Overflow Web Site: https://survey.stackoverflow.co/2024/

Wasik, S., Antczak, M., Badura, J., Laskowski, A., & Sternal, T. (2016). A survey on online judge systems and their applications. *ACM Computing Surveys*. https://doi.org/10.1145/nnnnnnn.nnnnnnn

World Economic Forum. (2023). *The Future of Jobs Report 2023.* World Economic Forum. Recuperado julio 2024, de https://www3.weforum.org/docs/WEF_Future_of_Jobs_2023.pdf

Yetiştiren, B., Özsoy, I., Ayerdem, M., & Tüzün, E. (2023). A comparative review of AI techniques for automated code generation in software development: Advancements, challenges, and future directions. *TEM Journal.* https://doi.org/https://doi.org/10.18421/TEM131-76

## A. Ejemplo del *"prompt"* para resolver el problema 10 que fue el de mayor complejidad.

Eres un experto programador en C++, especializado en resolver problemas algorítmicos y de estructuras de datos de complejidad media y alta. Tu objetivo es crear soluciones óptimas en términos de uso de memoria y tiempo de procesamiento, priorizando la resolución completa de todos los casos de prueba en el juez en línea OmegaUp.
Analiza cuidadosamente el siguiente problema y proporciona una solución que cumpla con los siguientes criterios:
Correctitud: La solución debe pasar todos los casos de prueba en OmegaUp. Debes probar el código con los ejemplos que se incluyen para ver que, si es correcta la propuesta, en caso de que no responda correctamente los ejemplos debes volver a regenerar el código.

Eficiencia: Optimiza el uso de memoria y el tiempo de procesamiento.
Legibilidad: Utiliza un código claro y bien estructurado, con comentarios explicativos cuando sea necesario.
Si el problema requiere el uso de bibliotecas o módulos específicos, se te proporcionará esa información.
El problema que vas a resolver se describe a continuación:
[
Problema franquicias
Es sabido que los programadores gustan de la comida de franquicia. Normalmente piden su comida mediante apps, sin embargo, motivados por una vida sana, en tu calle los programadores prefieren ir caminando a la sucursal más cercana.
Tu calle tiene M edificios, todos del mismo tamaño, en las posiciones de la 1 a la M . En F de ellos hay una sucursal de alguna franquicia. Por regla de la colonia, sólo puede haber una franquicia por edificio. Además, en P de estos edificios hay oficinas con programadores.
Los programadores quieren hacer ejercicio, pero no demasiado, ellos siempre van a la sucursal que les queda más cerca de su oficina (puede ser incluso en el mismo edificio).
Una cadena quiere abrir sucursales en tu calle. Como cualquier negocio, su objetivo es ganar la mayor cantidad de dinero. La cadena está dispuesta a abrir hasta N sucursales (puede abrir menos si lo considera conveniente). Sabiendo la regla que no permite más de una franquicia por edificio, los

dueños de la cadena inventaron una modalidad carrito que permite poner la sucursal entre cualesquiera dos edificios. Por lo tanto, las N sucursales se pueden colocar en:

Un edificio que aun no tenga franquicia.

Un carrito entre dos edificios.

Si una oficina está a la misma distancia de una nueva sucursal que de uno de los F restaurantes previos, los programadores irán al restaurante previo, ya que no les gusta cambiar.

Cada programador gasta B pesos en comida al mes. Mantener una sucursal funcionado tiene un costo de C pesos al mes.

La cadena quiere que le digas ¿cuál es el máximo ingreso que puede conseguir si ubica hasta N

(o menos) sucursales de forma óptima?


Problema

Escribe un programa que dada la localización de las F franquicias actuales, la ubicación de las P oficinas de programadores con la cantidad de programadores en cada una, el gasto mensual de cada programador, el costo mensual de mantener una sucursal y el número máximo N

de sucursales que quiere abrir la nueva cadena, determine el ingreso máximo mensual que se puede obtener ubicando las sucursales de manera óptima.

Entrada

Tu programa deberá leer de la entrada estándar los siguientes datos:

En la primera línea los enteros N,M.F y P . El número de sucursales, el largo de la calle, la cantidad de franquicias actuales y el número de oficinas.

En la segunda línea los enteros B y C . El gasto mensual de cada programador y el costo mensual de mantener una sucursal.

En la tercera línea habrá F enteros separados por espacio, el i -ésimo de estos enteros representa la ubicación de la i -ésima franquicia establecida.

• En las siguientes P líneas habrá dos enteros separados por espacio posj, programadoresj que representan la ubicación de la j-ésima oficina y el número de programadores que hay en ella.

Tanto las franquicias como las oficinas vendrán ordenadas de acuerdo a su ubicación.


Salida

Tu programa deberá escribir en la salida estándar un número indicando el ingreso máximo mensual que se puede obtener.


Ejemplo

Entrada

3 20 6 8
2 5
1 5 6 8 12 16
1 1
3 1
4 2
7 1
10 5
11 1
14 2
19 2

Salida
8

Descripción
Se abren las siguientes sucursales:
Una sucursal de carrito entre los edificios en las posiciones 10 y 11: A esta sucursal van los programadores de los edificios 10 y 11 , en total seis programadores. Dado que B=2 la venta total es 6 x 2 =12. A esta venta hay que quitarle el costo C=5 con lo que queda un ingreso total de 12 – 5 = 7 unidades mensuales.
Una sucursal en el edificio en la posición 4: A esta sucursal van los programadores de los edificios 3 y 4. Haciendo el ejercicio de ingreso tenemos que el ingreso total (venta menos costo) de esa sucursal sería 2 x 3 -5= 1.
Aunque se puede abrir una sucursal más, en cualquier lugar que se abra tendría pérdida, por lo que no hay beneficio en abrirla.
El ingreso total que puede tener la nueva cadena es por tanto de 8 unidades al mes.

Limites
$1 <= N, F, P <= 100000$
$N <= M <= 1000000$
$1 <= f,posj <=M$
$0 <= B,C,progj <=1000000$

Subtareas
(12 puntos): N=1 ,M=1000 ,C= 0  Solo se piensa abrir una sucursal, la calle tiene a lo más 1000
edificios y no hay costo por mantener una sucursal.
(13 puntos): N=1
(25 puntos): N=2F, C = 0

(20 puntos):N = 2F
 (30 puntos): Sin restricciones adicionales.


Notas sobre la generación del código:
Solo deben pedir datos y mostrar resultados, no se requiere mensajes adicionales.
No dejar líneas en blanco en el código.
Por cada código que generes para resolver el problema, indica el número de versión en la línea uno con comentarios.
Informar la cantidad de líneas de código generadas en un comentario al final


**Nota:** Se deja el texto tal cual, sin correcciones de ortografía ni gramaticales, ya que se cita literalmente el *"prompt"* como fue enviado a Gemini.

# Anexos

## Anexo I. Problema 10 "Franquicias".
### C. Franquicias

| | | | |
|---|---|---|---|
| **Puntos** | 35.62 | **Límite de memoria** | 100 MiB |
| **Límite de tiempo (caso)** | 1s | **Límite de tiempo (total)** | 1m0s |
| **Entrada/Salida** | Consola | **Tamaño límite de entrada (bytes)** | 1464.84375 KiB |

Es sabido que los programadores gustan de la comida de franquicia. Normalmente piden su comida mediante apps, sin embargo, motivados por una vida sana, en tu calle los programadores prefieren ir caminando a la sucursal más cercana.

Tu calle tiene $M$ edificios, todos del mismo tamaño, en las posiciones de la 1 a la $M$. En $F$ de ellos hay una sucursal de alguna franquicia. Por regla de la colonia, sólo puede haber una franquicia por edificio. Además, en $P$ de estos edificios hay oficinas con programadores.

Los programadores quieren hacer ejercicio, pero no demasiado, ellos siempre van a la sucursal que les queda más cerca de su oficina (puede ser incluso en el mismo edificio).

Una cadena quiere abrir sucursales en tu calle. Como cualquier negocio, su objetivo es ganar la mayor cantidad de dinero. La cadena está dispuesta a abrir **hasta** $N$ sucursales (puede abrir menos si lo considera conveniente). Sabiendo la regla que no permite más de una franquicia por edificio, los dueños de la cadena inventaron una modalidad *carrito* que permite poner la sucursal entre cualesquiera dos edificios. Por lo tanto, las $N$ sucursales se pueden colocar en:

- Un edificio que aun no tenga franquicia.
- Un *carrito* entre dos edificios.

**Si una oficina está a la misma distancia de una nueva sucursal que de uno de los $F$ restaurantes previos, los programadores irán al restaurante previo, ya que no les gusta cambiar.**

Cada programador gasta $B$ pesos en comida al mes. Mantener una sucursal funcionado tiene un costo de $C$ pesos al mes.

La cadena quiere que le digas ¿cuál es el máximo ingreso que puede conseguir si ubica hasta $N$ (o menos) sucursales de forma óptima?

## Problema

Escribe un programa que dada la localización de las $F$ franquicias actuales, la ubicación de las $P$ oficinas de programadores con la cantidad de programadores en cada una, el gasto mensual de cada programador, el costo mensual de mantener una sucursal y el número máximo $N$ de sucursales que quiere abrir la nueva cadena, determine el ingreso máximo mensual que se puede obtener ubicando las sucursales de manera óptima.

## Entrada

Tu programa deberá leer de la entrada estándar los siguientes datos:

- En la primera línea los enteros $N$, $M$, $F$ y $P$. El número de sucursales, el largo de la calle, la cantidad de franquicias actuales y el número de oficinas.
- En la segunda línea los enteros $B$ y $C$. El gasto mensual de cada programador y el costo mensual de mantener una sucursal.
- En la tercera línea habrá $F$ enteros separados por espacio, el $i$-ésimo de estos enteros representa la ubicación de la $i$-ésima franquicia establecida.
- En las siguientes $P$ líneas habrá dos enteros separados por espacio $pos_j$, $programadores_j$ que representan la ubicación de la $j$-ésima oficina y el número de programadores que hay en ella.

**Tanto las franquicias como las oficinas vendrán ordenadas de acuerdo a su ubicación.**

## Salida

Tu programa deberá escribir en la salida estándar un número indicando el ingreso máximo mensual que se puede obtener.

## Ejemplo

| Entrada | Salida | Descripción |
|---|---|---|
| 3 20 6 8<br>2 5<br>1 5 6 8 12 16<br>1 1<br>3 1<br>4 2<br>7 1<br>10 5<br>11 1<br>14 2<br>19 2 | 8 | Se abren las siguientes sucursales:<br>• Una sucursal de *carrito* entre los edificios en las posiciones 10 y 11: A esta sucursal van los programadores de los edificios 10 y 11, en total seis programadores. Dado que $B = 2$ la venta total es $6 \times 2 = 12$. A esta venta hay que quitarle el costo $C = 5$ con lo que queda un ingreso total de $12 - 5 = 7$ unidades mensuales.<br>• Una sucursal en el edificio en la posición 4: A esta sucursal van los programadores de los edificios 3 y 4. Haciendo el ejercicio de ingreso tenemos que el ingreso total (venta menos costo) de esa surusal sería $2 \times 3 - 5 = 1$.<br><br>Aunque se puede abrir una sucursal más, en cualquier lugar que se abra tendría pérdida, por lo que no hay beneficio en abrirla.<br>El ingreso total que puede tener la nueva cadena es por tanto de 8 unidades al mes. |

## Límites

- $1 \leq N, F, P \leq 10^5$
- $N \leq M \leq 10^6$
- $1 \leq f_i, pos_j \leq M$
- $0 \leq B, C, prog_j \leq 10^6$

### Subtareas

- **(12 puntos)**: $N = 1$, $M = 1000$, $C = 0$ Solo se piensa abrir una sucursal, la calle tiene a lo más 1000 edificios y no hay costo por mantener una sucursal.
- **(13 puntos)**: $N = 1$
- **(25 puntos)**: $N = 2F$, $C = 0$
- **(20 puntos)**: $N = 2F$
- **(30 puntos)**: Sin restricciones adicionales.



Fuente (OmegaUp, 2024)

**Francisco Aldrete Enríquez**.

Licenciado en Informática por el Instituto Tecnológico de Chihuahua II. Cuenta con los grados de Maestro en Software Libre, Maestro en Redes Móviles, y Doctor en Administración, por la Universidad Autónoma de Chihuahua.
Su trayectoria docente inició en 1993 colaborando en instituciones como el Instituto Tecnológico de Chihuahua II, Universidad Tecnológica de Chihuahua, Universidad Abierta y a Distancia de México, y la Universidad Autónoma de Chihuahua (FCA), CECyT No. 6, Conalep Chihuahua II y Asesor Virtual en la Prepa en Línea de la SEP. Además de haber realizado una estadía docente en la Universidad de Santiago de Chile, es jefe del departamento de Informática Conalep Chihuahua, y ha sido entrenador en la Olimpiada Mexicana de Informática y asesor de los alumnos sobresalientes de licenciatura para competiciones a nivel regional y nacional.


**David Maloof Flores**

Egresó de la carrera Ingeniería en Sistemas Computacionales en Software y posteriormente obtuvo el grado de Maestro en Ingeniería en Sistemas Computacionales, ambos en la Universidad Autónoma de Chihuahua (UACH). Ha desempeñado diversos puestos administrativos en la UACH, como Coordinador de los Posgrados en Computación (2012-2016) y Secretario de Extensión y Difusión Cultural de la Facultad de Ingeniería (2016-2022). Es catedrático de la UACH desde agosto de 2009 y actualmente docente de tiempo completo, sus áras de interés en investigación son el desarrollo innovador de software y el cómputo en la nube.

**Norma Leticia Méndez Mariscal**

Es Ingeniera en Sistemas Computacionales en Software por la Universidad Autónoma de Chihuahua, quien también le otorgó el grado de Maestría en Ingeniería en Sistemas Computacionales con Mención Honorífica. Ha desempeñado diversos roles en la Universidad Autónoma de Chihuahua, incluyendo la coordinación de programas educativos y la Secretaría Administrativa de la Facultad de Ingeniería (2010-2022), en la que participa como docente desde 1999, actualmente como Académico de Tiempo Completo.

Printed by Books on Demand GmbH, Norderstedt / Germany